LETTRE

A M. ***,

SUR LES SPECTACLES

DES BOULEVARDS.

LETTRE

A M. ***,

SUR LES SPECTACLES

DES BOULEVARDS.

Par M. Rousseau.

Mais pour un faux Plaisant à grossiere équivoque,
Qui pour me divertir n'a que la saleté.
Qu'il s'en aille, s'il veut, sur deux tréteaux monté,
Amusant le Pont-neuf de ses Sornettes fades,
Aux Laquais assemblés, jouer ses mascarades.
      Boileau, Art. Poëtiq. Chant III.

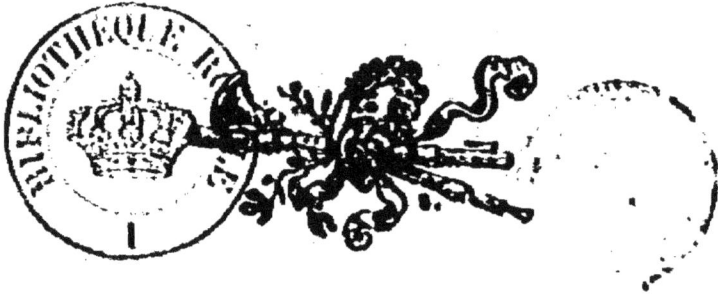

A BRUXELLES;

Et se trouve, A PARIS,

Chez les Libraires qui vendent les Nouveautés

M. DCC. LXXXI.

LETTRE

SUR

LES SPECTACLES

Des Boulevards & des Foires.

De Passy-lès-Paris, ce 20 Juin 1780.

MONSIEUR,

Vous me preſſez de vous faire part de mes Obſervations ſur les Spectacles établis aux Boulevards & aux Foires *Saint-Germain* & *Saint-Laurent*: votre priere eſt un ordre abſolu pour moi ; ſans vous rien taire, je vais le remplir le plus ſuccintement qu'il me ſera poſſible. Je ſuis fort éloigné d'adopter le ſentiment de ces Rigoriſtes, qui, ſans les avoir approfondis & examinés ſous tous leurs points de vue, qui, peut-être même ſans les connaître, condamnent les Spectacles en général, ou de ces Réformateurs éternels qui, non contens des dangers qu'ils croyent appercevoir dans

A

les Jeux les plus innocens, se créent exprès des monstres pour avoir le plaisir de les combattre. « La raison, dit M. d'*Alembert*, emprunte le secours du Théatre (1), pour imprimer plus profondément dans notre ame les vérités que nous avons besoin d'apprendre. Si ces vérités glissent sur les scélérats décidés, elles trouvent dans le cœur des autres une entrée plus facile, elles s'y fortifient quand elles y étaient déjà gravées ; incapables, peut-être, de ramener les hommes perdus, elles sont au moins propres à empêcher les autres de se perdre ». En vous faisant l'éloge, Monsieur, des avantages du Théatre, comme je suis vrai je ne puis vous dissimuler qu'il a aussi ses abus & son côté faible (2). Mais,

Lettre à J.J.Rousseau Citoyen de Genève

---

(1) L'heureuse influence du Théatre sur tous les Peuples qui l'ont connu, prouve assez son utilité. La Comédie corrige, & pour en être sûr, il suffit de savoir ce qu'elle est. C'est un miroir fidele des ridicules & des vices de l'humanité, c'est un tableau mouvant qui nous présente tout en action. La Comédie attache l'homme vicieux & l'homme ridicule à la société qu'ils corrompent & qu'ils ennuyent. *Eloge de Moliere*, par M. *D***.

(2) Je crois que la conduite souvent peu régulière des Comédiens, & principalement des Comédiennes, est un des plus grands reproches que les détracteurs & les ennemis du Théatre puissent lui faire. Mais en cela ils se trompent : la vie licentieuse de quelques Acteurs & Actrices, n'est pas plus le crime du Théatre, que les désordres de quelques membres d'une autre société quelconque ne sont le crime de cette même société. Tâchons, & rien n'est plus facile, en les piquant d'honneur, en les encourageant, en les récompensant, & même en les punissant, de donner des mœurs aux Comédiens & aux Comédiennes ; alors nous aurons purgé le Théatre, au gré des Rigoristes, du plus grand tort qu'ils lui imputent.

enfin, quelle institution humaine n'est pas marquée à ce coin de faiblesse, qui force le plus orgueilleux à reconnoître des limites à son génie ! c'est dans le sanctuaire même de Thémis, que la Fourbe & l'Injustice rendent quelquefois leurs arrêts flétrissans ; faut il pour cela renverser tous les Temples de la Justice ? L'homme seroit égal à la Divinité, s'il pouvait imprimer à ses propres Ouvrages le sceau de la perfection. Nous pouvons, dit un savant Anglais, nous plaindre de l'imperfection de l'humanité qui est telle, que dans le cas le plus important pour l'ordre, pour le bon Gouvernement, & par conséquent pour notre bonheur, nous sommes réduits par la constitution de notre nature à n'avoir aucun parti à prendre, que notre raison puisse absolument approuver ; mais quoique nous nous plaignions, nous devons nous y soumettre. Nous devons nous dire que des plans parfaits ne sont pas du ressort de notre Etat imparfait. La morale Stoïcienne & la République de Platon, ne sont que des amusemens pour ceux qui ont peu d'expérience dans les affaires du monde. En effet. tout ce que la prudence humaine peut faire, est de fournir des expédiens & de s'accorder, autant qu'il est possible, avec le vice & la folie; employant la raison à agir, même contre ses propres principes, & nous enseignant, pour ainsi dire, à déraisonner avec sagesse & bon sens, ce qui, en beaucoup d'occasions, n'est pas aussi paradoxe qu'on se l'est imaginé. Telle est la marche de la bonne Comédie; elle corrige les mœurs, elle nous instruit en nous faisant rire. Semblable en cela à ces bons peres de famille, qui, au milieu de leurs enfans, se mêlent à tous leurs jeux, les excitent

A ij

& les inftruifent avec autant d'adreffe que de
fuccès, en paraiffant eux-mêmes redevenir enfans. Je conviens avec vous, Monfieur, que les
Théatres de la Nation font fufceptibles d'une
adminiftration plus utile au Public, plus honorable aux Gens de Lettres, plus ferme pour les
Comédiens ; ces Théatres, en un mot, exi-
gent, & promptement, une très-grande réforme :
le bien général qui doit en réfulter ne peut
qu'accélérer une époque depuis fi long-tems
defirée (3).

Il eft une vérité hors de doute, c'eft que
la profpérité & la durée des Empires dépendent entierement des bonnes mœurs (4).
Si la chûte des Etats, dit un célebre Ecrivain,
fuit de près la dépravation des mœurs, quel
intérêt n'ont pas ceux qui gouvernent, à veiller
fur elles & à les conferver, autant qu'il eft poffible, dans toute leur pureté ? Mais, Monfieur,

L'Abbé de Vertot.

---

(3) J'apprens dans l'inftant, avec la plus vive fatisfaction,
qu'un Miniftre auffi diftingué par fes qualités perfonnelles,
que par fes talens fupérieurs, & une modeftie que je crain-
drais de bleffer en le nommant, s'occupe ferieufement de
cette réforme, & qu'il va faire rendre aux Auteurs toute
la juftice qu'il avaient lieu d'attendre de lui.

(4) Les mœurs ne font pas feulement l'ornement d'un
Etat, elles font le gage le plus fûr du bonheur de la fociété,
ET LE PLUS FERME APPUI DE LA PUISSANCE DE CEUX
QUI GOUVERNENT. Sans les mœurs on peut comparer
les loix à la voix d'un Enfant qui commande à des animaux mal apprivoifés : fans les mœurs toutes les Loix feraient
infuffifantes. En effet, que d'actions n'ont d'autre regle que
l'uniformité de l'exemple ! que de vices, que de crimes,
même, n'ont d'autre frein que la honte & le ridicule, &
cette honte, ce ridicule font l'ouvrage des mœurs. *Mémoire fur l'Educ. Publique, par M. Guyton de Morveau,
Avocat-Général au Parlement de Dijon.*

quelle autre école plus familiere au Peuple, avons-nous des mœurs, que le Théatre? n'est-ce pas à cette école séduisante, que la jeunesse des deux sexes & les personnes d'un âge mûr, doivent aller également puiser les leçons du goût, du bon esprit, de la saine morale & des sentimens? Leçons tout à la fois utiles & agréables, qui forment la base sur laquelle posent les bonnes mœurs (5). Tel est, ou doit être le but des Théatres avoués par la Nation (6). Ce n'est pas ici le lieu de m'élever contre ces Auteurs obscurs, qui, faisant un abus criminel de leurs talens, prostituent leur plume à l'éloge des passions les plus funestes & du libertinage, & qui, prêtant à *Melpomene* ou à *Thalie*, un langage qui leur est tout à-fait étranger, débitent sur la scene des principes dangereux, qui tendent à la perte de la vertu, dont ils devraient embrasser la défense. Aucun examen, sans doute, ne serait plus digne d'un Gouvernement aussi sage, aussi éclairé, aussi bienfaisant que le nôtre, que l'examen des pieces restées aux deux Théatres : rien n'assurerait

_____

(5) *Cum omnium regnorum & populorum felicitas à recta juventutis institutione ac moribus pendeat.* Réglement d'Henri IV., pour l'Université de Paris. Voyez le Traité des Etudes, par *Rollin.* Tom. I.

(6) On peut appliquer aux Théatres ce que M. *Guyton* dit des Colleges ; les uns & les autres sont le berceau des mœurs publiques. C'est là que la partie la plus considérable d'une Nation, celle qui, par état, guide nécessairement ou égare la multitude qui marche à sa suite, vient prendre ses principes, recevoir des exemples, contracter des habitudes. *Mémoire sur l'éducation publique.* Si les personnes de bonne maison sont une fois bien élevées, elles mettront bientôt tout le reste dans l'ordre. *Epitre de Locke au Docteur Clark.*

mieux ſes droits à notre reconnaiſſance, que la défenſe ſévere qu'il ferait de repréſenter toutes celles dans leſquelles on apperçoit le plus faible germe de corruption.

Je me propoſe, Monſieur, de vous entretenir de ces objets, plus intéreſſans qu'on ne ſe l'imagine peut-être, dans un autre moment. Mon intention n'eſt de vous parler ici que des déſordres ſans nombre, & des maux preſque irremédiables qu'enfantent ces *Trétaux* (7), connus d'abord ſous le nom de *Spectacles Forains*, ou au moins décorés de ce nom. Leur établiſſement quoique moderne a déjà produit les abus les plus invétérés, & j'oſe ajouter les plus pernicieux, On ne ſaurait le nier, l'oiſiveté, de concert avec l'avarice, leur a donné naiſſance ; le libertinage ſeul a pu les ſoutenir juſqu'à ce jour. Ces Spectacles, vous n'en doutez pas, Monſieur, ſont la cauſe premiere de la décadence du goût ; & comme le goût de la ſaine Littérature influe néceſſairement ſur l'ordre moral, il s'en ſuit que la dépravation des mœurs s'opere en proportion de la chûte des lettres. Ces vérités ont été débattues & prouvées trop de fois, vous les ſentez trop

_____

(7) Je ne donne le nom eſtimable de Théatre qu'à la Comédie Françaiſe, & à la Comédie Italienne ou l'Opéra-comique. Je ne dis rien de l'Opéra. On ſait aſſez ce que les plus honnêtes gens, & les génies du premier ordre ont toujours penſé :

De tous ces lieux communs de morale lubrique,
Que Lulli réchauffa des ſons de ſa Muſique.
　　　　　　　　　Boil. Sat. X.

Tous les autres Spectacles méritent au plus le nom de *Trétaux* ; & c'eſt le ſeul que je donnerai toujours aux Salles des Boulevards & des Foires.

bien, pour employer de longs raisonnemens
à vous les démontrer. Mais puisqu'elles sont
si évidentes, que leurs ennemis mêmes ne peuvent les révoquer en doute, que penser de
ces lieux, où les mots *d'honneur* & de *vertu* (8), sont devenus si étrangers, ou plutôt
si ridicules, qu'ils excitent la risée & les huées
de la populace, toutes les fois qu'on les pro-
nonce sur la Scene ? Que penser de ces *Trétaux*, où les farces les plus dégoûtantes, les plates obscénités, les grossieres équivoques, les
pointes triviales, les situations les plus lubri-
ques, les gestes les plus lascifs, sont reçus,
accueillis, applaudis avec un enthousiasme dont
on n'a pas d'idée ? & par qui? par des femmes
perdues, par des femmes soudoyées (9) tout
exprès, pour assister à ces Jeux libertins, &

---

(8) J'assistai un jour à je ne sais quel Spectacle des
Boulevards, on donnait une piece intitulée : *Les petites
Affiches*, copie, très-imparfaite assurement, de la char-
mante Comédie du *Mercure galant*. Un des Personnages
de la Piece voulut mettre une certaine dignité à prononcer le
mot *Vertu* : plusieurs Spectateurs s'écrierent aussi-tôt : *si donc
c'est bien là sa place !* & sifflerent, non pas l'Acteur, dont
le jeu était convenable à son rôle, mais le mot *Vertu*, qui les
avait tous scandalisés. Certes, ce mot est aussi déplacé sur
les *Trétaux*, que l'est le nom de *Dieu* dans un *Opéra-comique*. Souvenons-nous toujours de ce que disait à ce sujet le
célebre *Newton*, que le nom de *Dieu* est si grand, si
imposant, qu'on ne doit le prononcer que le plus rarement
qu'il est possible, & toujours avec le plus profond respect.
Ainsi toutes ces expressions si communes aux Théatres, *par-
dieu ! mordieu ! ah ! mon Dieu !* devraient être retranchées.

(9) Plusieurs personnes dignes de foi, m'ont assuré, qu'un
certain nombre de grisettes & de courtisannes du plus bas
étage, ont leur entrée aux *Trétaux*, pour y attirer le cha-
land : & qu'elles en retirent d'autres émolumens, sans comp-
ter le casuel de leur état, &c. &c. &c.

A iv

y donner le ton , à cette foule de jeunes gens qu'elles y attirent !

Je suis du sentiment de M. *Garnier*, & je crois que l'on n'écrit que pour avoir des Lecteurs ; on ne compose des Pieces que pour mériter les applaudissemens des Spectateurs. Pour parvenir à ce but, un Auteur doit également s'attacher à plaire à l'esprit & au cœur. Le choix du sujet doit intéresser l'un, la maniere agréable de rendre ses idées doit captiver l'autre. Des images douces, naïves, attendrissantes, voilà ce qui remue l'ame & l'intéresse. Un style pur, facile & soutenu, voilà ce qui séduit l'esprit & le flate. Si un homme est dépourvu de ce double talent, ou s'il ne lui est pas permis d'en faire usage, quelle autre ressource lui restera-t-il pour plaire à ses Lecteurs, ou se concilier les suffrages des Spectateurs ? quelle autre ressource, sinon celle de séduire & de corrompre les cœurs, ne pouvant amuser les esprits ? Ressource abominable, sans doute, & dont aucun des Auteurs *Forains*, ne manque cependant point de faire usage. Vous n'ignorez pas, Monsieur, que les deux Troupes Nationales ont le droit d'inspection sur toutes les Pieces qui se jouent aux Boulevards. Leur intérêt est de n'en laisser représenter aucune qui puisse entrer en comparaison avec celles dont elles sont en possession. Aussi, lorsqu'on présente un bon Ouvrage pour *les Planches* des sieurs tel ou tel, n'importe qui, les Comédiens Français ou les Italiens, ont grand soin de faire arrêter la Piece qui leur porte ombrage, & défendre à l'Auteur d'avoir de l'esprit & du goût par tout ailleurs que chez eux. Si on livre sa production à leur censure, ils la coupent, taillent, rognent, mutilent & disséquent au point qu'en vérité il ne reste pas même au pauvre enfant l'ombre de sa premiere forme. Après ce beau coup, ils le rendent à son pere. Réduit à cet état de langueur, ou plutôt d'anéantissement, ce squélette informe ne peut que révolter; il fait une si lourde chûte, en paraissant, que jamais il n'en releve; il se montre, il tombe, il meurt, on l'enterre & tout est fini pour lui.

Les premiers Auteurs qui subirent cette rude épreuve & cette humiliante catastrophe, servirent d'exemples aux suivans. Lors donc que ces derniers, mieux instruits, ont vu qu'une autorité supérieure leur défendait de travailler avec goût, & de mettre de l'esprit dans leurs Pieces, ils ont, sans autre répugnance, fait divorce avec eux. Aux agrémens, aux traits naïfs & piquans, au ton de décence & de vérité, qui n'agueres caractérisaient leurs Ouvrages & en faisaient la fortune, ils ont substitué les misérables *calembours*, la plate bouffonnerie, l'obscénité révoltante, amorce perfide dont on avait jusqu'alors ignoré l'usage, & qui, contre leur attente, peut-être, eut la réussite la plus complette. Le profane vulgaire, animal sans yeux, sans réflexion, sans jugement, prit ce genre honteux sous sa protection, & par son affluence journaliere aux *Trétaux*, parut le consacrer. Or, comme en toutes choses, c'est toujours le premier pas qui décide, les nombreux Auteurs qui succéderent aux premiers qui leur avaient si lâchement ouvert cette nouvelle carriere, voulurent à l'envi les uns des autres, renchérir sur les platitudes, & reculer les bornes de la Licence; ils n'y réussirent que trop. Cette révolution, si flétrissante pour nous, s'est faite depuis environ une vingtaine d'années. Dès l'instant que les *Tréteaux* commencerent à faire les délices de la Capitale, les Théatres de la Nation tomberent dans un discrédit absolu. On cessa de venir s'instruire & s'amuser à ces Spectacles, où quelques Citoyens préservés de la contagion générale & fermes partisans du Goût, ne cesserent d'aller applaudir aux chef-d'œuvres immortels des *Corneille*, des *Racine*, des *Crébillon* & des *Voltaire*.

Le pere inimitable de la Comédie Française, cet Auteur divin, dont toutes les Pieces portent l'empreinte du génie créateur, ce Peintre si exact & si fidele du cœur humain, *Moliere*, enfin, n'offrit plus de Scenes intéressantes & de tableaux pathétiques. On ne fut plus touché du Comique de *Regnard*, ni de celui de *le Sage*. Le goût se blasa à tel point de jour en jour, qu'on devint totalement insensible au sel que les Graces ont répandu à pleines mains sur leurs charmans Ecrits. L'aveuglement qui a toujours été en augmentant depuis cette malheureuse époque, est aujourd'hui à son comble, de sorte que les Ouvrages des Peres du Théatre, excitent à peine un léger sourire. Ces caracteres si vrais, & si bien développés, ces traits si bien prononcés, si finement exprimés, ces bons mots, ces plaisanteries si délicates, si heureusement placées, ces plans vastes & sublimes, ces intrigues filées avec tant d'art, conduites avec tant d'adresse jusqu'au dénouement, toutes ces merveilles de l'Art sont presqu'oubliées pour l'*Avocat Savetier*, *Madame Tintamare*, *Jacquot parvenu*, & sur tout, *les Battus payent l'amende* (10). *Le Glorieux*, *le Philosophe Marié* de *Destouche*, *son Ingrat*, *son Dissipateur*, *sa Fausse Agnès*, *la Métromanie* de *Piron*, *la Coquette Corrigée* de *la Noue*, *la Gouvernante*, *le Préjugé à la Mode* de *la Chaussée*, *le Méchant* de *Gresset*, *l'homme du Jour* de *Boissy*, *la Pupille* de *Fagan*, *Turcaret* de *le Sage*, & tant d'autres productions immortelles, qui autrefois faisaient nos délices, sont aujourd'hui livrées à un abandon, qui, j'ose le dire, ne fait point honneur à notre goût dominant. Les *Molé*, les *Doligny*, les *Préville*, les *Auger*, les *Dazincourt*, ont beau déployer toute la magie de leurs talens, c'est tems perdu, leur talisman n'a plus d'effet ; nous ne voyons, nous n'admirons que des *Suzon* & des *Jeannot*. Oui, Monsieur, & les Pièces

---

(10) *Les Battus payent l'amende*, Proverbe qui a eu 110 à 150 représentations, je ne sais sur quels Tréteaux. Quelques personnes m'ont assuré que cette farce du plus bas Peuple avait rapporté mieux de 100,000 liv., l'intrigue de la Pièce roule sur un pot de...... cette ordure, dédiée sans doute aux maîtres Vuidangeurs, a fait & fait encore courir tout Paris : son jargon dégoûtant est devenu le langage des femmes à la mode, des gens du bon ton & même des personnes de la première qualité : *C'en est*, *Ça n'en est pas*, sont des expressions consacrées dans les cercles du plus haut parage. Les Beaux Esprits ont composé des pieces sur ces graves sujets ; le héros de la farce est gravé en trente-six planches, pour le moins ; son portrait orne tous les sallons ; on s'arrache l'original, je ne doute pas même que les Parisiens ne fassent au premier moment élever une Statue à cet immortel *Jeannot*, qui sera représenté comme un nouveau Diogene, sa lanterne à la main, cherchant dans la foule de gens qui s'extasient devant lui, un homme de bon sens, & ne le trouvant point.

de nos grands Maîtres , & le jeu de nos meilleurs Acteurs n'excitent à préfent, pour me fervir des expreffions du célebre Citoyen de Genéve (11), que des mouvemens ftériles & paflagers fur nos efprits & dans nos cœurs. A qui imputer cette dégradation, ce dépériffement de nos facultés morales, finon aux *Trétaux* du Rempart ?

Mais quel attrait fi puiffant , fi irréfiftible, ont donc ces Boulevards, pour fixer l'attention & attirer ce concours prodigieux, cette foule incroyable de monde que l'on y voit ? Quant à moi, qui ai le bonheur de les détefter, qui ne m'y trouve amais que pour juger par mes propres yeux, de tout ce que j'en entends dire, je n'y apperçois que de ces *femmes de bien*, qui, fuivant le dicton populaire, *fe comportent fort mal* ; je n'y vois que des *Laïs*, qui, dans des chars magnifiques, ofent infolemment défier la Princeffe, par leur fafte odieux, fruit de leur libertinage & de leur impudence (12); je n'y reconnais que des faquins à paillettes; je n'y fuis coudoyé, preffé, pouffé, avancé, reculé, culbuté, que par une valetaille impertinente ; je n'y remarque que des voitures d'emprunt, un luxe de crédit, & des fots attroupés ; je n'y avale qu'une pouffiere affreufe,

_____

(11) *J. J. Rouffeau*, dans fa Lettre fur les Spectacles, en parlant de leur effet.

(12) Ceci a rapport à la proceffion ou à la Montre des Courtifannes, qui fe fait tous les Jeudis aux Boulevards. Les jours où cette *Montre* a le plus d'éclat, font les trois jours des Ténebres de *Longchamp*. Par un fcandale qu'on a peine à concevoir, ces jours, jadis confacrés à la piété des Fideles, font devenus des jours de triomphe & de réjouiffances pour le libertinage & la débauche !

je n'y respire que des odeurs infectes, je n'y
entends que des propos de canaille, ou les ju-
remens de quelques Créanciers, qui apperçoivent dans de brillans équipages, le Marquis
parvenu, qui se pare de leu s dépouilles, ou
la Nymphe des chœurs, qui dans sa chasse rou-
lante, ressemble à une Pagode que l'on pro-
mene aux yeux d'un Peuple hébété, pour attirer ses vœux & ses offrandes. Mais quel tribut
reçoit-elle? des vérités dures, des impréca-
tions, des malédictions, enfin, digne salaire
de son insolence & de sa turpitude. Si j'entre
dans ces Spectacles, où ces fourmillieres d'im-
béciles & d'effarés, courent & se précipitent,
pour chercher un remede à l'ennui qui les ron-
ge, qu'y vois je? ces mêmes Demoiselles de
bien, ces Déesses fort humaines, qui descen-
dent avec fracas de leurs chars, pour venir scan-
daleusement courir les petites aventures; des
Chevaliers d'Industrie, des Marquis du Lans-
quenet, des *Crispins* effrontés, rivaux de leurs
Maîtres, dont ils portent les habits (13) ! Qu'y

_____

(13) Un de mes amis m'a conté, qu'étant un jour chez
N*** il survint dans la Loge séparée où on l'avait placé,
deus personnes qu'à leur extérieur imposant, à leur air fier,
il prit d'abord pour deux Seigneurs des plus distingués de
la Cour Ces deux petits Etres, qui n'avaient presque pas
daigné faire attention à lui en entrant, s'humaniserent &
l'admirent, enfin, à leur conversation Mon ami ne cessa
d'avoir pour eux les égards & les distinctions que l'on a
ordinairement pour les gens d'un certain rang. Mais quelles furent sa surprise & sa confusion, lorsqu'il vit nos deux
Faquins honteusement chassés de la Loge, par M. le Comte
de*** qui, conduit par hazard ce jour là chez N***,
reconnut un de ses valets dans l'un des deux personnages!
Cette aventure s'est renouvellée cent & cent fois depuis.

entens-je? des niaiseries, des pauvretés, des mots fort impertinens, des propos, enfin, qu'on rougirait de tenir dans les Corps-de-Garde, & auxquels on applaudit cependant avec un délire qui prouve également & la crasse ignorance, & la bassesse d'ame de la plupart des assistans. Convenez, Monsieur, d'après cette légere esquisse des différentes Scenes de nos Remparts, qu'elles renferment un intérêt bien vif, bien pressant, bien digne d'émouvoir l'ame d'un galant-homme: de mon côté, je vous vanterai, avec ma franchise ordinaire, les services importans que l'on retire des *Trétaux*. On ne saurait trouver des endroits plus commodes pour arranger les parties fines, régler les petits soupers, déterminer les orgies, les *Bacchanales* (14), qui doivent se célébrer chez *Bancelin*; enfin, c'est dans ces receptacles, que des pourvoyeurs industrieux trouvent abondamment de quoi réparer, par de nouvelles recrues, les pertes que les Amans & les Maîtresses font journellement dans une Capitale aussi immense & sujette à autant de révolutions, que la bonne Ville de Paris. Dieux! & c'est chez le Peuple qui se vante d'être le plus éclairé, le mieux policé de l'Europe, de tout l'Univers, qu'il existe de pareils Tripots! Quelle foule de travers, d'impertinences, de vices, de crimes & d'horreurs, sortent continuellement de ces antres impurs! C'est de ces lieux sinistres qu'il s'exhale sans cesse un air pestilentiel:

Dont la seule vapeur fait perdre la raison.

____

(14) *Les Bacchanales* étaient, chez les Payens, des Fêtes qui se célébraient en l'honneur du Dieu Bacchus. La Débauche la plus effrénée présidait à ces Fêtes.

C'est-là que le scandale du jour prépare les
Spectateurs bénévoles, à celui de la nuit; mais
l'un n'est qu'un jeu en comparaison de l'autre.
Aurai-je jamais assez de courage, Monsieur,
pour vous faire le tableau de tout ce qui s'y
passe, & de tout ce qui en résulte? Je serai
obligé, comme dit *Voltaire*, de lutter con- *Dans le Ha-*
tre l'ennui, pour tracer tous ces détails de *ron.*
désordres obscurs, & de bassesses resserrées dans
ces lieux où plus d'une femme entre en Péné-
lope, & sort en Hélene (15), où quantité de
jeunes gens vont tous les jours faire les chûtes
les plus humiliantes. Mais comme il importe
que le mal soit connu, pour y remédier, &
que j'entre dans vos vues, toutes dirigées vers
le bien public, en vous présentant la vérité,
je ne me plaindrai point des peines qu'il pourra
m'en coûter pour la saisir & vous la faire connaître (16).

Il est constant, d'abord, que les Salles du
Boulevard & des Foires, sont la retraite ordinaire des filles mal-famées, & des jeunes
gens qui y contractent, en peu de tems, le
goût de la paresse, celui de la dissipation &

---

(15) *Penelope venit abit Helene. Mart. lib. I. Epi-
gram.* 63.

(16) Je crois devoir prévenir ici, que mon intention
n'est nullement d'accuser les Entrepreneurs des *Tréteaux*,
de tout le mal que causent leurs Spectacles; & je rend tel-
lement justice à leur probité, & à l'honnêteté de leurs
mœurs, que je me persuade qu'ils seront les premiers à
applaudir à mon zéle & à mon amour pour mes concitoyens;
voilà les seuls motifs qui me déterminent à écrire cette
Lettre : comme je n'ai jamais traité avec ces Entrepreneurs, & que je n'ai pas même l'avantage de les connaître, ils ne peuvent m'en supposer d'autres.

des plaisirs. L'espoir seul d'y rencontrer les
complices de leur libertinage, les font courir
en foule chez *tel*, *tel* ou *tel*; & c'est préci-
sément dans ces malheureux endroits, qu'ils
ont pris le germe de ce libertinage qui les ruine
& qui les absorbe. La certitude de trouver de
ces vils objets, esclaves mercénaires & com-
plaisans, qui volent au-devant des desirs qu'ils
satisfont, sans les éprouver, leur fait préférer
les *Trétaux* aux Théatres où regnent l'ordre,
la décence & l'honnêteté, où les femmes qui
y viennent, sont d'un état respectable & d'une
sagesse reconnue, & où les Courtisannes qui
s'y rencontrent, (& malheureusement cette
vermine la plus funeste de toutes, jouit du
droit de s'introduire par tout), sont d'un si
haut ton, qu'à l'exception des Seigneurs de
la premiere volée, ou de quelques favoris de
Plutus, il faut se contenter d'admirer en secret
leurs appas séducteurs, sans espérance de satisfaire jamais la passion qu'elles inspirent (17).
Mais que produira, à la fin, cette conduite si
déréglée de la jeunesse de Paris? sont-ce les
sauts périlleux (18), les gambades ridicules

(17) *Lettre sur les Spectacles*, par *M. D. de B. Avocat au Parlement*. On ne saurait disconvenir que cet Ouvrage, rempli de vérités certaines, de principes excellens,
d'observations judicieuses, ne contienne aussi des raisonnemens un peu hazardés, des conséquences peu réfléchies
& peu justes; en un mot, un rigorisme poussé trop avant
contre les Théatres. Si on ne les avait jamais connus, peut-
être serait-ce un bien. S'ils font un mal, comme ce mal est
devenu nécessaire, il ne s'agit plus que d'en tirer le meil-
leur parti possible. Celui qui l'indiquera, aura bien mérité du Prince & de la Patrie

(1) Récréations fort ennuyeuses, & de fait fort péril-
leuses d'un Jeu du Rempart.

&

& fcandaleufes, les tours de force du *petit* ou *du grand Diable* (19), qui apprendront à nos enfans à devenir honnêtes gens, & à nos filles, à devenir époufes fidelles & bonnes meres ? Je n'envifage, ici, que les enfans de nos Bourgeois, qui font les plus afliûus à ces Spectacles *Forains*, & cette jeuneffe forme la claffe la plus nombreufe, & en même-tems la plus néceffaire à l'Etat. Et de quelles baffeffes, ces enfans ne fe rendent-ils pas fouvent coupables pour trouver le moyen de fou nir à leurs plaifirs, de payer le tribut que les Entrepreneurs, de ces Jeux ont droit de prélever, & enfin, pour donner aux malheureufes qu'ils y conduifent, ou qu'ils y rencontrent: Parmi ces enfans; les uns ont des péres faciles, qui leur applaniffent la voye du défordre & des crimes, & qui, par un excès de bonté cruelle & de lâche complaifance, ne leur laiffent rien defirer de tout ce qui peut fervir à en faire des monftres. Ces enfans font, fans contredit, les piliers & les protecteurs nés des *Trétaux*: ils peuvent, ces Garnemens fortunés, ils peuvent, fans nul fouci, fe vautrer fur la litiere de tous les Tripots, de tous les mauvais lieux de la Capitale, &, à coup fûr, les Spectacles du Boulevard ne font pas les moins mauvais. D'autres enfans ont des peres & meres économes, qui connaiffant le prix de l'argent, & qui, ne perdant jamais de vue les peines qu'il leur en coûte à le gagner, favent l'épargner. Ces peres, comme dit le Valet de la Comédie, ne font pas donnans. Leurs enfans les traitent d'ava-

_____

(19) Nom d'un Voltigeur, Perfonnage aujourd'hui le plus intéreffant du même Spectacle.

B

res impitoyables , & parce qu'ils leur refusent, avec raison , non ce qui est nécessaire à leur honnête entretien, mais ce qui pourrait leur faciliter l'entrée de la carriere du libertinage, & les y pousser, ces fils ingrats & dénaturés n'envisagent plus dans les auteurs de leurs jours , que leurs plus cruels bourreaux. Plus les causes de l'oisiveté, plus les objets de dissipation & de plaisirs sont multipliés , plus la jeunesse indocile & précoce trouve de raisons pour haïr les parens qui veulent la contenir & la moriginer. Il faut aller aux *Grands Danseurs*, aux *Commédiens de Bois*, aux *Variétés Amusantes* (20); la partie est liée avec une Grisette, une Ouvriere en Modes, en Couture, en tout ce qu'il vous plaira , toutes ces demoiselles se ressemblent : suffisance à l'excès, prétention à l'infini, amour effréné de la parure & du plaisir, voilà leur bon côté. Le jeune homme qui doit les conduire n'a point d'argent, il en demande, on lui en refuse, & toujours avec justice, puisqu'il n'a pas de besoin réel. Comment faire ? recourir aux expédiens, & c'est toujours ce qui arrive. L'un dérobe son pere, il force d'une main hardie son sécrétaire ou son

---

(20) *Les grands Danseurs* sont le premier Spectacle établi sur les remparts & à la foire. Les *Commédiens de Bois*, (plût au Ciel ! qu'ils fussent encore de cette maniere !) se sont établis depuis 12 ou 15 ans. Ensuite *les Variétés amusantes* qui figurent très-bien à côté, enfin les *Eleves pour la danse de l'Opéra*. Ce dernier Spectacle, vient, dit-on, de faire banqueroute, & l'on nous en fait espérer la suppression totale. O France ! felicite-toi d'avoir un Monarque qui connaît tes vrais intérêts, & qui saisit les occasions de te prouver qu'eux seuls reglent tous les mouvemens de son cœur !

coftre ; il vole, fans rougir peut-être, cet argent, fruit des travaux & des épargnes d'un
refpectable vieillard, & va, par un crime affreux, faire le profit de *je ne fais quels Baladins*, auxquels il facrifie pour *je ne fais quels
fauts*, fon honneur, fa probité, & tous fes
fentimens. Qui le croirait ? tous ces fauts qui
lui font tourner la tête, ne font bons tout au
plus qu'à divertir un moment les fots de Vil-
lage. Un autre enfant court aux Académies,
qui lui ouvrent leurs portes ; il commence par
être dupe, il finit par devenir fripon. De là
vient qu'on rencontre à Paris une foule de jeunes libertins, qui à vingt ans font des efcrocs
déjà confommés. Cet autre encore met tout ce
qu'il poffede chez les Ufuriers, leur vend à
beaux deniers comptans la future fucceffion de
fes pere & mere, & fouvent pour derniere reffource court..... Mais jettons un voile impé-
nétrable, s'il fe peut, fur ces écarts humilians,
qui font également frémir l'honneur & la nature. Les partifans des *Trétaux*, ne manqueraient pas de dire, fi cet Ecrit leur tombaient
dans les mains, que mes obfervations, dont
vous fentez, Monfieur, toute la vérité, ne
font qu'une diatribe outrée : non, non, & tout
homme inftruit de ce qui fe paffe, tout homme
judicieux qui me lira, m'aura bientôt juftifié
de ce reproche. Que de criminels, en allant
fubir le fupplice dû à leurs forfaits, font con-
venus que leur fatal engoûment pour les Spectacles *Forains*, était feul la caufe de leur
perte & de leur infamie ! Et qui peut douter
que ces Tripots n'ayent la plus grande influence
fur la dépravation d'une foule d'imprudens &
d'étourdis, qui périffent d'une maniere tragi-

Perfie de
Speclateurs

B ij

que, ou ce qui eſt plus déplorable encore, ſi-
niſſent par être mis au rang des victimes, que
le glaive de la Juſtice immole à la ſûreté publique. Les gens les moins ſcrupuleux conviennent, que les *Trét ux* ſont des endroits de
ſcandale & de libertinage, que l'amour ſeul
des *Filles de Joye*, y conduit la plupart de ceux
qui y vont de jour, & tous ceux qui y vont
de nuit ; or, quel bien, quel avantage réel peut-
il réſulter de pareils établiſſemens? quelle vertu
habite dans ces aſyles? Eſt ce aux Spectacles
des Boulevards, & des Foires, que l'on va
apprendre à ſe corriger de ſes ridicules, de ſes
défauts & de ſes vices ? Il ſerait riſible de le
dire, & abſurde de le penſer; mais détaillons
ici tous les abus, les accidens les plus ordinaires, & les vices qu'engendre cette malheu-
reuſe paſſion pour les femmes libertines ou
galantes, qui font courir les jeunes gens aux
Trétaux.

Ces accidens & ces vices ſe réduiſent à huit
principaux.

    I.   La perte du tems.
    II.   Celle des talens, & l'aveuglement de
            l'eſprit.
   III. L'avarice, & l'inſenſibilité.
   IV. La ruine de la fortune.
    V. Celle de la ſanté.
   VI. Les rixes & les duels.
  VII. Le mépris pour le ſexe.
 VIII. La fatuité qui nous attire la haine &
            le mépris de tout le monde.

De ces huit branches qui partent du même
tronc, il ſort une infinité de rameaux, qui ne

rapportent que des fruits amers, lesquels ne font que trop connaître le terroir empoisonné qui les produit.

I.

La perte du tems.

Quelle perte, & comment la réparer? La jeunesse va dans ces lieux de débauche, le sacrifier à la poursuite de jouissances momentanées, de plaisirs dangereux. Souvent l'objet de son prétendu bonheur lui échappe à l'instant où elle est prête à le saisir. Cet échec, loin de la rendre plus sage, ne sert qu'à enflammer son imagination, à tourmenter toutes ses facultés : c'est le propre de certaines passions, de s'accroître en proportion des obstacles qu'elles rencontrent. L'homme, dit M. *Bossuet*, est né opiniâtre, rien ne lui coûte dès qu'il est résolu de se satisfaire. C'est alors que l'avare devient prodigue, que l'ambitieux impose silence au desir qu'il a de dominer, & que tous, sans y faire attention, perdent leur tems, la chose la plus précieuse qu'ils ayent. Or, cette avidité pour les plaisirs, sans cesse renaissante dans les jeunes-gens, & plus souvent trompée que satisfaite, les rend tout à-la-fois bourreaux de leur tems & de leurs sens. Ont-ils conquis? ils volent rapidement à une nouvelle victoire; ont-ils échoué? ils s'efforcent, ils s'obstinent, ils s'irritent, ils s'abusent, & de toutes les manieres ils ne font ni plus économes, ni plus sages dispensateurs de ce tems qui leur échappe. Sont-ils heureux? Il suffit pour se convaincre du contraire, de les considérer lorsque l'absence du tumulte & de la diffipation les rend à eux-mêmes. Les uns, affaillis par les réflexions les plus ameres, cherchent à fe débarraffer de leur importunité en fe précipitant dans un fommeil pefant & laborieux, qui les accable. Les autres, pour éviter de s'interroger, de defcendre dans leur cœur, & pour n'avoir pas à rougir de fes reproches, (le pareffeux, l'oifif de profeffion, eft l'homme qui fe craint le plus lui-même), cherchent de tous les côtés des objets de diftraction : mais les uns & les autres ont beau vouloir s'étourdir; aucun d'eux n'échappe à fon mécontentement perfonnel, aucun ne peut fermer l'oreille à cette voix intérieure, qui lui crie : *Malheureux! le poids de ta nullité t'eft infuportable, la pareffe te mine & te deffeche, les jours fe fuccedent fans interruption, ces jours te font donnés pour les confacrer au travail, & tu ne rougis pas de les perdre dans la plus honteufe inaction* (21)! Ces reproches falutaires les feront-ils rentrer en eux-mêmes? Non : le jour fuivant leur fournit de nouveaux fujets de diffipation, ils y courent; mais l'ennui fombre, vengeur du tems mal employé, les pourfuit jufques fur ces *Tréteaux*, où ils cherchent vainement un afyle contre lui. Toutes les parties de plaifir, toutes les illufions, di-

___

(21) Si tous ces individus qui s'adonnent aux arts profanes, aux arts peftilentiels & corrupteurs ; fi tous ces fainéans, dont un feul confomme le produit du travail de deux Ouvriers ; fi tous les gens de luxe & de bonne chere s'attachaient à l'exercice des feules profeffions indifpenfables, on conçoit fans peine le peu de tems qu'il leur faudroit pour nous fournir tout ce que les befoins, les commodités & même les plaifirs naturels & honnêtes, peuvent exiger. *Utopie de T. Morus.* Liv. II. Sect. IV.

fons mieux, tous les excès auxquels ils fe livrent ne peuvent les débarraffer du cruel bourreau qui s'acharne à les tourmenter, & qui fe rendant maître de leur fommeil même, empoifonne fa douceur par les rêves les plus finiftres & les plus effrayans. De cette perte du tems, de cette pareffe crapuleufe, naiffent en foule tous ces défordres qui font frémir, & que la rigueur des Loix ne peut arrêter. O! que de jeunes gens maudiffent les funeftes Salles du Boulevard, dans ces courts inftans où la raifon reprend fon empire fur leur cœur! Combien font alors le ferment de ne pas y remettre le pied : mais un malheureux afcendant les y entraîne de nouveau, & ils s'y perdent (22).

I I.

Perte des talens, aveuglement de l'efprit.

Cette diffipation continuelle dans laquelle vivent les partifans des *Trétaux*, ne leur permettant pas de fe livrer à aucun genre d'étude, il arrive de toute néceffité que leur efprit dépérit, & que les difpofitions qu'ils annonçaient pour tel ou tel talent, meurent faute

---

(22) Si les *Trétaux* n'euffent jamais exiftés, que d'Ouvriers, que d'Ecoliers & d'Etudians euffent été contraints de donner au travail le tems qu'ils perdent aux Boulevards. Avec de l'application, le goût du travail & de l'étude ferait infenfiblement devenu un befoin pour eux, & ce que les politiques doivent regarder comme un des points les plus avantageux de cette étude, foit des Arts, foit des Sciences & des Lettres, c'eft qu'elle caufe des diftractions qui affoibliffent néceffairement les penchans vicieux. *Diction. Encyclop.* au mot *Etude.*

de culture. De même qu'une lampe s'éteint lorsqu'on cesse d'y mettre de l'huile ; de même l'esprit & le talent se rouillent & se perdent lorsqu'on manque de les exercer. Ce n'est que par une pratique assidue, par une étude journalière des bons modeles & des grands Maîtres, qu'on forme les talens & qu'on enrichit son esprit. Mais quel amour peuvent conserver pour le vrai beau, & pour le bon, des jeunes gens, qui, devenus esclaves de quelques viles courtisannes, ne voyent plus que par leurs yeux, ne pensent plus que d'après elles, n'agissent plus, enfin, que suivant l'impulsion qu'elles leur donnent ? Or, comme ces filles sont toutes dévouées à *Taconnet*, à *Jeannot*, à *Paillasse*, & à je ne sais quels autres ridicules personnages des *Tréteaux* ; il s'en suit que les adorateurs de ces prostituées, n'ont de goût, ainsi qu'elles, que pour les futilités, les turpitudes & les ordures. Ils témoignent une aversion invincible pour tout ce qui pourrait les rappeller à la raison & à l'étude des beautés mâles qui caractérisent les grands talens & le génie ; ils ne prisent que les sales parades, & ne s'adonnent qu'à ce qui sert à les plonger plus avant dans le désordre & dans la crapule ; oui, dans la crapule ; ce mot est révoltant, je le sais, Monsieur, mais c'est, en vérité, le seul qui convienne à la chose. Supposons néanmoins, que la jeunesse ne puise dans ces cercles, d'obscures *Phrynés*, que des idées de *femmelettes*, (qui, sans doute, paraissent les moins dangereuses) : ces mêmes idées sont ordinairement si plates, si sèches, si ridicules, si impertinentes, qu'elles suffisent pour dégrader le talent, appauvrir l'esprit, & l'aveugler entièrement.

Cette vérité est prouvée par tout ce que je
viens de dire ci-dessus. Or, quel caractere de
grandeur & d'énergie, des idées bornées ou
extravagantes, peuvent-elles imprimer à l'esprit, au génie, au sentiment? Si un homme
ne s'accoutume qu'à penser de petites choses,
il s'accoutumera pareillement à n'en faire que
de petites, & le mal le moins dangereux qui
pourra résulter de tout cela, sera que nous
aurons toujours de fort plats Citoyens, &
des Citoyennes fort insipides. Je le répete,
on ne sauroit douter de l'influence des Spectacles *Forains*, sur la décadence du goût,
des talens & des Lettres. Les croquis en tout
genre se multiplient à l'infini, les Journaux
pullulent, l'amour des bleuettes & de la frivolité, est le seul dont nous puissions nous
glorifier. Je cherche le pinceau des *Rubens* &
des *Vandyck*, le ciseau des *Girardon*, le burin
des *Nanteuil*, le génie des *Mansard*; je cherche cette foule, même de simples Artisans,
qui, dans le siecle dernier, ont mérité, par des
chef d'œuvres, d'être mis au rang des Artis-
tes; je ne vois plus que de petits tableaux,
de petits bâtimens (23), de petites images,
de petits bustes, de petits talens, en un mot,
de petits hommes, qui se mordent & se dé-
chirent les uns & les autres, se disputent &
s'arrachent les sotises dont ils ont la bassesse de

---

(23) Je n'entens point parler ici des superbes Bâtimens
nationaux, élevés depuis 30 ans. L'Ecole Militaire, la su-
perbe Basilique de Ste. Genevieve, l'Ecole de Chirurgie,
& quelques autres monumens de ce genre, immortalise-
ront également, & les Rois qui les ont fait construire,
& les Architectes qui en ont donné les plans.

faire le plus honteux de tous les commerces.
Chaque siecle a eu ses épidémies, celle du
nôtre est de tout voir en petit, & de ne faire
que du très-petit, effet déplorable de la corruption du Goût (24), de la perte des talens,
& de l'aveuglement de l'esprit, occasionnés
par les idées maigres & retrécies, que nos
enfans vont puiser aux Spectacles des Remparts. Le fruit se ressent toujours du terroir qui
le produit ; l'esprit, aussi, est toujours marqué
au coin des idées qu'on lui communique &
qu'il se fait : or, des idées plates & ridicules
ne formeront jamais que des esprits gauches,
ineptes, incapables de s'élancer vers les gran-

(24) *M. de Montesquieu* appelle le Goût, l'avantage de découvrir avec facilité & avec promptitude la mesure du plaisir que chaque chose doit donner aux Hommes :
M. de Voltaire, le sentiment des beautés & des défauts
de tous les Arts : *M. d'Alembert*, le talent de développer
dans tous les ouvrages de l'Art, ce qui doit plaire aux
ames sensibles : *les Auteurs du Dictionnaire de Trévoux*,
un sentiment naturel de l'ame, indépendant des Sciences
& des Arts : *M. le Batteux*, la facilité de sentir le bon,
le mauvais & le médiocre, & de les distinguer avec certitude. *L'Auteur du Discours intitulé : Quelles sont les*
sources de la décadence du Goût, l'appelle l'œil de l'esprit qui nous fait distinguer ce qu'il faut dire, & la maniere dont il faut le dire : le sentiment exquis qui fait
naître dans tout homme bien organisé, l'imitation de la
belle nature, attraction irrésistible qui nous entraine vers
le beau. L'Auteur de l'ouvrage Anglais intitulé : *Parallele*
de la condition & des facultés de l'homme, avec la con-
dition & les facultés des autres animaux, l'appelle, la perfection du sentiment & de l'imagination. On peut ajouter
qu'il est la conformité des parties, avec le tout & du
tout avec la nature. Voyez le Discours, *sur les sources*
*de la décadence du Goût, par M. L.*** de l'O.***
page 3 & 4.

des chofes : ceux qui ont de pareils efprits ne
peuvent que végéter, & dire avec le Paralite
d'Horace :

Nos numerus fumus, fruges confumere nati.

I I I.

La dureté du caractere, & l'infenfibilité.

Je dis, en troifieme lieu, que la fréquentation des *Tréteaux*, produit la dureté de caractere & l'infenfibilité : & , en effet , ces hordes
de libertins qui y accourent fur les pas des
Grifettes & des *Margots de la Plante* (25) ;
ces libertins, dis-je, ne me perfuaderont pas
qu'ils brûlent d'un beau feu pour toutes ces
chevres lafcives qui les attirent. Qui trompe
les femmes, dit un Ecrivain judicieux de nos
jours, les adore fans les aimer ; qui les eftime,
les aime fans les adorer. Ces jeunes infenfés,
qui hantent les Salles du Rempart, ne cherchent que des jouiffances aifées, que des plaifirs qui ne leur coûtent point de peines & de
foupirs ; la femme la plus facile eft toujours la
plus jolie & la plus aimable à leurs yeux ; leur

---

* (25) Nom que le facétieux *Regnard* donne à la maî-
treffe du Joueur. Dans le mémoire des dettes qu'*Hector*
fon valet préfente au pere du Joueur, il y comprend
une fomme dûe à *Margot de la Plante* : le pere lui demande quelle eft cette *Margot* ? *Hector* lui répond : c'eft
une fille.... *de tous fes droits ufante & jouiffante. Regnard*
eft bien au-deffous de *Moliere* pour le naturel, les caracteres & le *vis comica*, qui naît du contrafte des caracteres, mais je le crois fon égal, pour le comique d'ex-
preffion.

but n'est pas d'inspirer un sentiment, mais d'accumuler leurs indignes & misérables triomphes; car les amateurs du petit Gibier, qui propage & fourmille fur les Boulevards, sont des listes comme nos grands Seigneurs: telle est la façon de penser des partisans des *Tréteaux*; qu'elle est extravagante! Tel est leur plaisir; qu'il est abominable! Les douceurs d'une inclination, les agrémens d'un commerce sûr, les délices que procure la société d'une femme tendre, honnête, délicate & ingénue; l'intérêt qu'elle inspire, le charme qu'elle répand sur tout ce qui l'environne, la décence de son extérieur, le goût & la propreté de sa mise, l'enjouement de sa conversation, la solidité de sa façon de penser, le feu pur de ses caresses, l innocente & douce volupté qui la conduit & la fixe dans nos bras; toutes ces délices, que l'honnête homme seul peut goûter avec une épouse chérie, paraissent tristes & maussades aux coureurs des Boulevards; quand la source des plaisirs est dans le cœur, elle ne tarit point. L'amour fondé sur l'estime, est inaltérable; il est le charme de la vie & le prix de la vertu; mais est-ce à des libertins de profession qu'il faut tenir un pareil langage? Les lâches, les ingrats, sont blasés sur tout ce qui s'appelle plaisir délicat; il ne leur faut, que de la joie brutale, du fracas, des convulsions, des orgies, des . . . . . Quelle bassesse! quelle prouve bien l'engourdissement de leur ame, sa stupidité, son insensibilité! Cette soif dévorante de sales voluptés, engendre encore la dureté du caractere: elle parait en mille occasions; en effet, on ne saurait filer des intrigues avec les onze mille *filles* de la Capitale,

Dictionnaire Encyclopedi- si me: Fem- me.

sans éprouver des revers, des infidélités, des
pertes; de-là, ces dépits, ces humeurs sombres,
ces bizarreries, ces boutades qui nous rendent
d'un commerce dur, insupportables aux autres,
& souvent à nous-mêmes. Un libertin peut
quelquefois être un homme fort agréable en
société; mais il est rare qu'un débauché (& en
conscience on ne peut pas donner un nom
plus décent aux piliers des *Tréteaux*) soit amusant & sociable, parce que le ver rongeur qui
ne le quitte pas, imprime à ses discours, ainsi
qu'à sa démarche & à ses gestes, je ne sais
quel air froid, taciturne, & même farouche,
qui glace & qui révolte.

I V.

La ruine de la fortune.

Ou les coureurs des Boulevards jouissent de
la fortune que leurs peres leur ont transmise,
ou, jeunes encore, ils ont des moyens d'en
faire une par eux-mêmes : dans l'un & l'autre
cas, la perte est également certaine : si elle
est toute faite, elle se dissipe aisément par des
gens qui ne vivent que pour le plaisir, qui ne s'a-
donnent qu'au libertinage. Semblable à ces rep-
tiles obscurs, qui ne lâchent prise que lorsqu'ils
regorgent de sang, les *filles de Vénus* n'aban-
donnent leurs adorateurs, que lorsqu'elles les
ont mis dans l'impuissance absolue de charger
leurs autels d'offrandes. Tant qu'il peut donner,
un Amant est, à leurs yeux, le plus aimable
de tous les mortels ; est-il ruiné sans ressource,
c'est le plus incommode, le plus hideux de
tous les animaux. S'il est assez sage pour pren-

dre fon congé lui-même, on l'oublie dans
l'inftant : ofe-t-il fe préfenter, on l'humilie ;
revient-il à la charge, on le chaffe. Tant que
la fortune lui eft propice, on le comble de
careffes. Les parties fines (26) fe fuccédent fans
interruption : ce font de petits cadeaux que l'on
exige, des bijoux de mode, qu'il ferait indécent de ne pas avoir ; ce font des prêts adroi-
tement demandés, que l'on rembourfe, on fait
en quelle monnoie ; rien ne coûte à celle qui
demande, & elle a grand foin de faire adopter
pour principe à fes galans, que rien ne doit
coûter à celui qui oblige une honnête femme ;
car la derniere des malheureufes prend effron-
témént cette qualité. A voir les largeffes de
ces galans de profeffion, on dirait que Plutus
leur a confié les clefs de fes coffres, & leur a
donné la permiffion d'y puifer à pleines mains.
Ce propos eft bon pour la plaifanterie (27) ;
chaque repas, chaque préfent, chaque partie
eft un échec plus ou moins confidérable pour
la fortune, & l'on fait, à-peu-près, qu'elle
eft la fortune des enfans de ces Bourgeois :
(fouvenez-vous, Monfieur, que je n'ai en vue
dans cette Lettre, que les intérêts des enfans
de cette claffe) de jour en jour, leur Pactole
s'épuife, il tarit entiérement, on les éconduit,
il ne leur refte plus que la honte d'avoir été

---

(26) Ces parties, que les jeunes gens appellent fines,
font toujours fort groffieres, puifque la débauche y préfide.
J'en connais plus d'un qui aujourd'hui maudit encore
le moment où il a formé la premiere de ce genre !
(27) Il femble, à ces Meffieurs, dans leur maniere étrange,
Que leurs billets d'amour foient des lettres-de-change.
Regnard, Coméd. des Folies Amoureufes, act. I.

dupés, & les chagrins humilians que leur réfer-
vent fouvent d'impitoyables créanciers.

Si cette fortune eſt à faire, quelles peines fe
donneront pour réuſſir, des jeunes gens qui,
depuis long-tems, ont contracté l'habitude de
la pareſſe, le goût de la diſſipation & des
plaiſirs ? Pour s'avancer dans ce monde, pour
amaſſer du'bien, il faut joindre à un eſprit
actif & entreprenant, un caractere ferme & laborieux, un cœur inſenſible à toute eſpece de
féduction, incapable de fe laiſſer amollir par la
volupté.

Debout, dit l'Avarice, il eſt tems de marcher :
Hé! laiſſez-moi. Debout. Un moment. Tu répliques?
A peine le foleil fait ouvrir les boutiques.
N'importe, leve-toi. Pourquoi faire, après tout ?
Pour courir l'Océan de l'un à l'autre bout,
Chercher juſqu'au Japon la porcelaine & l'ambre ;
Rapporter de Goa le poivre & le Gingembre.
                              Boil. Satyre VIII.

A la place de l'Avarice, fuppofez que c'eſt
le Génie du commerce qui parle, & vous aurez
une juſte idée de l'activité qu'il exige de tous
ceux qui fuivent fon parti. Mais eſt-ce à ces
traits que vous reconnaîtrez les enfans de nos
Bourgeois qui hantent les *Trétaux?*

V.

La ruine de la fanté.

A quels dangers, prefque toujours certains,
ne s'expofent pas les infenfés dont je vous parle.
Il eſt un fait hors de doute, & que pourraient,
au befoin, conſtater les *Empyriques*, qui font

aujourd'hui fortune à traiter *le mal Amériquain;* c'est qu'on ne pouvait travailler plus utilement pour leur art, fort suspect, qu'en établissant ces Salles du Boulevard, qui sont pour me servir des expressions d'un Agréable, qui avait appris à les connaître à ses propres dépens, *les galeries de la sœur aînée d'une cadette déjà assez meurtrière.* Oui, Monsieur, cette impitoyable sœur aînée a vu le nombre de ses victimes prodigieusement s'augmenter, depuis l'établissement des *Trétaux* Pour moi, je regrette encore la perte de deux jeunes gens morts *de la grande maladie,* qu'ils n'auraient jamais connue, si les Salles du Rempart n'eussent pas existées. Un pur hazard les conduisit dans ces lieux empestés; ils y lièrent connaissance avec deux créatures infâmes qui avaient un extérieur honnête, & trouverent leur tombeau dans les bras de ces deux malheureuses, qui, à peine âgées de dix-sept à dix-huit ans, semblaient ne devoir leur laisser moissonner que la fleur du plaisir.

Non, Monsieur, je ne crois pas exagérer mon calcul, en soutenant que le mal vénérien prêté & rendu par les sujets des deux sexes qui abondent aux Spectacles *Forains,* fait mourir ou estropie plus de citoyens & de citoyennes, en un an, que la guerre ne détruit de soldats en trois batailles rangées (28) Que de gens, fortunés possesseurs d'une aisance acquise

_____

(28) C'est la pensée de Juvénal, dans la sixième Satyre de son second livre........ *Savus amor*

Luxuris incubuit .... J'ai déjà cité ce passage dans ma Satyre contre les Ecrivains obscènes & ses dateurs qui fourmillent dans ce siecle.

par

par leurs travaux, & d'une santé conservée par
leur sagesse, eussent coulé, dans une vieillesse
exempte d'infirmités, des jours paisibles &
sereins, qui sont à la fleur de leur âge,
plus ou moins lentement descendus dans la
tombe, au milieu des humiliations, des dou-
leurs & des souffrances, pour avoir, à l'exemple des deux jeunes gens que je viens de citer,
assisté une seule fois aux jeux scéniques des Remparts ! Cette idée, aussi vraie que terrible, ne
devrait-elle pas suffire pour faire murer, dès
aujourd'hui, des repaires si dangereux ! Mais
s'il en est qui, par un bonheur dont il est plus
aisé de se flatter que de jouir, échappent à la
lepre américaine, doivent-ils se promettre
pour cela, de conserver leur vigueur, leur bonne
constitution, leur santé, enfin, jusqu'à la
vieillesse? Regardez la plupart des jeunes gens
qui entrent dans ces lieux : haves, secs & dé-
charnés, ils ressemblent à des Spectres ambu-
lans. Tous portent sur leur front l'infâme cachet
de la débauche. A leurs joues plates, à leurs
yeux cavés, à leur tein livide, qui peut méconnaître les piliers des *Trétaux*? Cet appétit
insatiable, & cette soif inextinguible de la
volupté, doivent causer à la fin, comme l'ob-
serve, M. *Tissot*, l'entiere destruction du phy-
sique & du moral. On ne voit que de jeunes
vieillards, dont les jambes en fuseau, peuvent à peine supporter des corps qui tombent
en ruine Quand une fois on a vécu pour l'a-
mour, dit une personne de beaucoup d'esprit,
on ne peut plus vivre que pour lui : je crois,
Monsieur, qu'on peut hardiment dire la même
chose du libertinage, & vous voyez quelles
en sont les funestes suites : voilà pourtant tout

C

ce que nous a valu l'établissement de ces dépôts de la..... (29). Vous m'entendez; personne jusqu'à ce moment, n'a fait ces observations, & voilà, sans doute, la raison pour
laquelle les *Trétaux* jouissent du droit de tolé-
rance; mais leurs abus une fois exposés au grand
jour, nous devons croire que le Gouvernement
prendra, pour les réprimer, toutes les mesures
que lui suggereront ses lumieres, sa prudence
& sa sagesse.

V I.

Les rixes & les duels.

Outre les accidens trop ordinaires dont je
viens de vous parler, Monsieur, lesquels sont
communs à plusieurs autres endroits, il en est
qui sont particulierement attachés à la fréquentation des Salles du Boulevard : ces accidens
sont les rixes, les combats ou duels. Du caractere dont je vous ai peint les jeunes gens,
qui en font leurs maisons de plaisance, vous
sentez, Monsieur, qu'il est moralement impos-

------

(29) Un habile Médecin me disait un jour, la preuve
que les *Spectacles* des Boulevards sont les lieux les plus
ordinaires où les jeunes gens vont puiser le mal, c'est que
le nombre des Charlatans qui le guérissent ou plutôt qui les
blanchissent, s'est augmenté à fur & à mesure que ces
Spectacles se sont multipliés. Tel qui ne se fiera pas,
avec raison, à une prostituée des rues, croira pouvoir se
fier à de certaines créatures qui viennent aux Boulevards,
& qui ont une apparence demi-honnête. Fait-il mieux ?
Non, sans doute, puisque dès le lendemain de sa bonne
fortune, il est sur le grabat.

fible qu'il ne s'élève pas entr'eux différentes
difputes. Ces filles groffieres, qui font foudo-
yées pour y attirer la jeuneffe, manquent rarement de caufer du fcandale & des rixes ; elles
en font naître mille occafions pour une. Que
de Sujets utiles au Roi & à l'Etat, fe font
coupé la gorge depuis l'établiffement de ces
maudits Jeux ! Je conviens qu'il y a, aujourd'hui,
quelque police extérieure, cela n'empêche pas
qu'il n'y ait par femaine quelques coups d'épée
reçus ou donnés, mortels ou non, par fuite
de querelles furvenues entre les jeunes gens
qui affiftent à ces Spectacles. Les chofes peuvent-elles fe paffer autrement, entre perfonnes
fans mœurs, fans principes, fans éducation,
qui n'affichent pas moins, par leurs manieres,
la férocité de leur caractere, que leur brutalité,
par le choix de leurs plaifirs. Ajoutez à cela,
que la plus grande partie des jeunes gens,
qui fréquentent ces Salles, font des Spadaffins,
des Coupes-jarrets, des Recruteurs, & d'autres individus de cette efpece, qui paffent leur
vie dans les Tripots de la Capitale, On n'ignore
pas que ces êtres obfcurs, qui reffemblent à
ces anciens Capitans, fi burlefquement peints
par *Corneille*, puifqu'ils en ont toute la mor-
gue & l'arrogance, font les foutiens des *Trétaux* ;
qu'eux feuls & les filles *de joye* y donnent le
ton, fur-tout, aux repréfentations nocturnes.
Mais, Monfieur, je vous prie de me dire,
quelle décence, quelle honnêteté, quelle mo-
dération peuvent conferver des individus qui
n'ont rien d'humain, que la langue & la main,
& qui fe fervent auffi méchamment, ou tout
au moins auffi bêtement de l'une que de l'autre. Voilà, Monfieur, ce dont j'ai été malheu-

reusement plus d'une fois témoin aux Spectacles du Boulevard & des Foires : il ne serait pas difficile de se convaincre de cette vérité, sur-tout si l'on voulait compulser ces archives de police, dans lesquelles se trouvent consignés tous les désordres, tous les écarts honteux des étourdis & des libertins, qui rodent la nuit sur les Remparts ; on verrait que les plaintes rendues à ce sujet, sont à l'infini. En voilà plus qu'il n'en faut sur cet article, pour faire ouvrir les yeux sur les dangers multipliés de ces endroits. On serait mal fondé à m'objecter que de pareils accidens peuvent avoir lieu aux Théatres de la Nation ; l'expérience, qui, en pareil cas, doit seule nous servir de guide, nous prouve le contraire. Il n'arrive point une dispute par an, aux Théatres, même au Parterre, & peut-être, pourrais-je dire hardiment qu'il ne se passe point de jour ou de nuit sans que le Boulevard ne nous offre quelque catastrophe sanglante ; ainsi, l'objection contre les Théatres de la Nation, est sans fondement, & quand bien même elle serait juste, la Cause des *Trétaux* n'en serait certainement pas meilleure.

V I I.

Mépris pour le sexe en général.

Quelle estime peuvent concevoir, pour des femmes honnêtes, des gens habitués à ne faire société qu'avec les complices de leurs déréglemens? C'est d'après ces modeles vicieux, qu'ils jugent ordinairement de toutes les femmes. S'ils en rencontrent une, qui leur résiste, c'est, disent-ils, une prude ou une hypocrite. Ce se-

rait ici le lieu de développer le manege, de
vous détailler tous les genres de séductions
employées pour faire succomber l'innocence
d'une jeune fille, pour corrompre la vertu d'une
femme : mais je laisse, Monsieur, à votre sa-
gacité, le soin de tirer toutes les conséquences des premieres idées que j'ai l'honneur de
vous présenter. Il me suffit de vous dire, que
les atteintes cruelles portées à la pudeur, dans
tous ces Spectacles subalternes ; que les leçons
que l'on y donne, chaque jour, répétées par
leurs fauteurs & adhérens, ont multiplié de
moitié, depuis douze à quinze ans, le nombre
des femmes galantes, & des libertines qui se
traînent aujourd'hui sur le pavé de la Capitale :
exemple funeste, exemple destructeur, qui
exerce ses ravages jusques dans les Provinces
les plus éloignées ; car vous n'ignorez pas,
Monsieur, que l'exemple de la bonne ville de
Paris, a une influence immédiate sur les mœurs,
comme sur le costume de tout le Royaume. Je
ne veux d'autre preuve des suites pernicieuses
& déplorables de la multiplicité des *Trétaux*,
que la triste révolution qui s'est opérée depuis
quatre à cinq ans dans tous les Villages qui en-
vironnent la Capitale, vers le couchant (30).
Avant leur établissement au Bois de Boulogne, les Habitans de ces Villages, mal-

---

(30) Ces villages sont Passy, Auteuil, Boulogne,
Chaillot, Neuilly, Sevène, Nanterre, S. Cloud, Puteau, &c.
Il est constant que depuis le funeste établissement des petits
Comédiens, les mœurs des Habitans de tous ces endroits
ont terriblement dégénéré de leur ancienne simplicité. Tous
les Particuliers qui ont des maisons de campagne dans ces
derniers villages, n'ont qu'une seule voix sur cet article.

C iij

gré leur proximité de Paris, avaient con-
fervé une partie de cette précieufe innocence,
qui rendait leur féjour vraiment délicieux à
tous les honnêtes-gens. La franchife de ces
bons Villageois, la pureté de leurs mœurs,
& fur-tout, l'extérieur fimple & honnête des
Villageoifes, prouvaient que la corruption
avait encore refpecté ces afyles. La pudeur,
la propreté, la modeftie, faifaient, au tems
dont je parle, tous les frais de la toilette des
époufes, des meres, & des jeunes filles; le
luxe y était prefque inconnu. Tout le long de
la femaine les hommes & les femmes s'occu-
paient, foit des travaux des champs, foit de
leurs métiers : les Dimanches & les Fêtes la
jeuneffe de ces cantons fe raffemblait & allait
dans le Bois fe divertir par des danfes & des
jeux auxquels préfidaient l'ordre, la décence
& la tranquillité. Que les chofes ont changé
de face depuis l'établiffement de la Salle des
Comédiens *Mirmidons* ! Il eft inutile de m'arrêter à peindre tout le ridicule, toute la gau-
cherie de cette nouvelle *Troupaille*; je me con-
tente d'obferver que fon voifinage perfide a
prefqu'entierement perdu les mœurs des Pay-
fans & des Payfannes de huit à dix Villages.
Qu'on interroge fur ce point les Pafteurs de
ces divers endroits, eux feuls font en état de
rendre un témoignage refpectable à cette vérité.
Cet exemple terrible eft tout récent, & je ne
crains pas d'affirmer qu'il faut être pervers, &
l'ennemi de fon Prince & de fa Patrie, pour
ofer nier les funeftes conféquences de ce Spectacle, & prétendre qu'il produit quelque bien.
Quoi! pour amufer l'indolence, l'oifiveté honteufe de quelques Sybarites, on rifque la cor-

ruption & la perte, pour l'Etat, d'une foule
de Citoyens! Et qu'importe à l'homme vertueux, dira-t-on, que telles & telles perfonnes prodiguent les tréfors dont elles regorgent,
à entretenir un Serrail pour leurs menus-plai-
firs? Qu'importe? Mais qui répondra à cet
homme vertueux, à ce pere refpectable, que
ce n'eft pas fon fils, fa propre fille qu'on parviendra à débaucher & à faire entrer dans un
Spectacle où ils végéteront toute leur vie fous
le poids de l'ignorance & de l'opprobre!

V I I I.

La fatuité, le plus infupportable de tous les défauts.

Je dis en dernier lieu, que la fréquentation
des Spectacles Forains & autres de cette efpece,
dont une paffion criminelle pour les *filles de joie*,
nous fait contracter le goût, engendre la fatuité. Et, en effet, comment ne pas s'écrier
avec le Marquis du *Joueur* : *c'eft un pefant* Comédie
de Regnard.
fardeau que d'avoir du mérite, lorfqu'on voit
chaque jour pleuvoir fur foi les bonnes for-
tunes, lorfqu'on eft comme accablé des faveurs
très-équivoques de ces petites *Laïs* du Rempart? Comment fe garantir de l'illufion, &
n'être pas tous les jours dupe de fa vanité,
quand tout ce qui concourt à la faire naître,
à la nourrir, à la fortifier, fe réunit pour nous
abufer? Comment, enfin, ne pas devenir *un
maître fat*, quand dix, douze ou quinze maî-
trelles fe difputent le plat honneur de nous
appartenir? C'eft alors qu'il eft permis de s'a-
veugler, de s'enfler, de fe pavaner ; c'eft alors

qu'en admirant avec complaifance fa petite per-
fonne, on fe place d'abord au-deffus de tout,
parce qu'on fe croit réellement fupérieur à tout,
en génie, en lumieres, en avantages, tant
du côté du corps, que du côté de l'efprit.
Quels êtres plus ridicules, plus ineptes, que
les fats & les *petits - maîtres* ? *Voltaire* n'a-
t-il pas raifon de les appeller l'efpece la plus
fotte, qui rampe avec orgueil fur la furface
de la terre ? Cette fatuité, qui dans fon principe ne paraît qu'un travers, digne, tout au
plus, de pitié, dégénere toujours en un délire
d'efprit, dans un aveuglement de cœur, qui
caufe la perte de ceux qui en font frappés.
Écoutons ce qu'en dit le judicieux Auteur
de l'article du Dictionnaire Encyclopédique,
au mot *Femme*. Ces hommes confians & dangereux, font fans vertus & fans talens ; ils
féduifent les femmes par des travers, mettent
leur gloire à les déshonorer, fe font un plaifir de leur défefpoir, par les indifcrétions, les
infidélités, les ruptures ; ils femblent augmenter chaque jour le nombre de leurs bonnes for-
tunes : ce font des efpeces d'Oifeleurs, qui font
crier les oifeaux qu'ils ont pris, pour en appeller d'autres. Un fat décidé ne tient à rien,
parce qu'il s'aime à l'exclufion de tout le monde ;
c'eft l'Égoïfte le plus parfait qui puiffe fe trouver. Comme il ne voit rien de comparable à
lui, il n'eftime, il ne chérit que fon individu ;
fes femblables lui paraiffent autant de machi-
nes créées tout exprès pour fon avantage par-
ticulier, fon amufement & fes plaifirs. Il les
ridiculife, les méprife, & fouvent même les
hait au point de leur nuire, pour peu que dans
le dommage qu'il eft prêt à leur caufer, il trouve

feulement l'apparence de fon intérêt perfonnel.
Il nous traite tous d'idiots, de ftupides, comme
jadis les Grecs traitaient *de Barbares*, tous
ceux qui n'étaient point de leur pays. Ce n'eft
pas tout encore; la morale du fat confifte à
n'en avoir aucune ; fes mœurs font toujours
diffolues, fes principes pernicieux ; les vertus
& les vérités les plus refpectables, font pour
lui de vieilles chimeres, de fots préjugés, qui
ne conviennent qu'à des imbécilles & à des têtes
de bonnes femmes. Sans fcrupule & fans re-
mords, il renverfe d'un feul coup, pour parvenir à fes fins, la bafe fur laquelle pofe
l'édifice de la fociété humaine. L'indifcrétion,
la fourbe, le parjure, la féduction, tout lui
parait légitime & permis. Un crime, un attentat, une horreur, rien ne l'effraye, excepté les coups de poignard, que fa main n'a
pas le courage de porter; il eft capable de tout
lorfqu'il s'agit de fatisfaire fes paffions détef-
tables. Vous concevez, Monfieur, jufqu'où
peuvent s'étendre les défordres & les excès
d'un pareil monftre. Tel, & plus hideux encore, eft le portrait du fat, qui fe forme aux
écoles du Rempart, écoles funeftes, qui font
autant d'écueils où viennent échouer, fe perdre & s'engloutir la raifon, l'honneur & les
fentimens. Oui, Monfieur, c'eft dans ces cercles profanes où le venin de leur morale fe
communique de proche en proche, que l'on
apprend qu'il eft permis d'entretenir un commerce adultere, de féduire de jeunes perfonnes dont la vertu fait le bonheur de toute une
famille ; c'eft-là que l'on apprend que mon
époufe, que ma fille, peuvent brifer, tout-
à-coup, les liens facrés qui les attachent à

moi, qu'elles pauvent se livrer au premier sé-
ducteur qui se présente, & qui leur prouve
que loin de me rien devoir, c'est moi qui leur
ai obligation de ce qu'elles veulent bien ac-
cepter la subsistance que je leur procure à la
sueur de mon front, & l'hommage des sentimens que l'amour & la nature ont gravé pour
elles au fond de mon cœur. C'est dans ces Salles,
enfin, qu'on dévoue au ridicule le plus amer,
ces vérités sans l'existence desquelles l'homme
serait le plus à plaindre des êtres ; c'est-là qu'on
se permet de renverser les bornes que Dieu
posa de toute éternité entre le bien & le mal,
& de détruire ainsi l'ordre & la justice; vertus essentielles qui entretiennent l'ordre des
corps politiques, & impriment à notre espece
le seul caractere énergique, qui la distingue
de celles de tous les autres animaux.

Ne sont-ce pas les *Tréteaux*, que M. de
Querlon, Critique toujours judicieux, modeste,
& intéressant, avait en vue, lorsqu'il disait (31) : « Les Spectacles ont répandu un es-
» prit de frivolité dans tous les Etats, dont
» aucun âge n'est exempt. Ils remplissent l'i-
» magination d'idées fausses & superficielles,
» qui ne font que des *Turlupins* : il ont, de
» plus, introduit des ridicules & des licences

---

(31) M. de *Querlon* Ecrivain polémique, l'un des plus
savans Homme du dix-huitieme siecle : il est mort depuis
deux mois, après avoir combattu avec gloire pendant plus
de soixante ans le mauvais goût, & avoir soutenu la cause
des Mœurs & de la Religion.

Multis ille bonis flebilis occidit,
Flebilior nulli quam mihi.... Horat. Od.

» dans les mœurs ». Lorsque ce célebre Journaliste parlait ainsi, il ignorait jusqu'où ces Spectacles *Forains* porteraient un jour leur ton cynique & libertin. Quoi ! c'est chez un Peuple éclairé qu'il existe des repaires où toute la jeunesse se rassemble, où elle court en foule applaudir à des farces dégoûtantes, à une morale aussi absurde qu'infâme ! Et ces écoles sont publiques ; ceux qui les dirigent jouissent de la qualité de Citoyens ; je le répete, je ne doute point qu'ils ne soient de fort honnêtes-gens ; mais ces honnêtes-gens sont donc bien aveugles, s'ils ne s'apperçoivent point de tous les désordres, suites inévitables de leurs Spectacles. Et quel mal pourraient nous faire nos ennemis jurés, quel mal plus grand, que celui de corrompre nos femmes & nos enfans ? Je ne puis le taire, le crime ne doit pas être mesuré par le mal actuel : ils péchent contre la postérité, aussi bien que contre leur siecle, & quand les conséquences de leur crime cesseront, celles des mauvais exemples qu'ils auront donnés subsisteront encore (32). Vertueux Athéniens, de quel supplice auriez-vous punis les Auteurs des ordures débitées sur nos *Tréteaux*, vous qui ne pûtes entendre sans indignation, *Euripide*, faire dire à un personnage d'une de ses Pieces: *les richesses font le souverain bonheur du genre humain, & c'est avec raison qu'elles excitent l'admiration des Dieux & des hommes ?* Encore un coup, qu'auriez-vous fait aux Auteurs des Pieces du Rempart,

Lettre sur les Spectacles, par M. D. de B. T. I.

---

(32) Lettre II. *Idée d'un Roi patriote*, Ouvrage fort estimable, traduit de l'Anglais ; je l'ai déjà cité ci-devant.

vous qui auriez chaſſé de l'enceinte de votre Ville, cet *Euripide* ſi célebre, s'il ne vous eût repréſenté, qu'à la fin de la Piece on verrait périr miſérablement le Panégyriſte des richeſſes ? Qu'auriez-vous fait à ces Auteurs ténébreux, qui enfantent dans une Orgie, ou à la ſuite d'une partie de débauche, les monſtres impudiques qu'ils expoſent ſur les *Trétaux*, avec autant d'orgueil que d'inſolence ? Qu'auriez-vous fait, enfin, à ces *Turlupins*, à ces bas Hiſtrions, qui, par les geſtes les plus indécens, les poſtures les plus laſcives, s'efforcent de rendre tous les Spectateurs complices de leur infamie, de... ? Ici je m'arrête ; il eſt, Monſieur, de certaines turpitudes, que la plume de tout Ecrivain délicat doit ſe refuſer à tracer.

Je ne vous ai entretenu, juſqu'à ce moment, Monſieur, que des vices, des accidens & des déſordres auxquels les Spectacles du Boulevard donnent lieu ; je ne ſaurais m'empêcher de parler du nombre aſſez conſidérable des individus perdus, pour l'Etat, qui compoſent ces troupes toujours mal montées. Il eſt une vérité certaine en politique, c'eſt que tout Citoyen doit être utile à ſon pays, ſoit par ſes talens & ſes lumieres, ſoit par ſon induſtrie & ſes travaux ; s'il eſt des hommes aſſez Egoïſtes pour nier ce principe fondamental de la Société, ce ſont des enfans ingrats & dénaturés quelle doit méconnaître & rejetter de ſon ſein. Or, par tout ce que je viens de vous dire, vous voyez, Monſieur, de quelle utilité funeſte ſont les *Trétaux* ; dans quelle claſſe donc placerons-nous le ſavoir faire de ceux ſans leſquels ils ne ſubſiſteraient pas ? On

accorde des talens à des Baladins, à des Vol-
tigeurs, à des Voltigeuses, à des Bouffons de
la plus plate espece. O dépravation du goût !
O esprit frivole de mes Compatriotes ! Et quoi,
est-ce du sein de ces écoles maudites, que sont
sortis un *Armand*, un *Poisson*, un *Préville*,
un *le Kain*, un *Molé*, un *Grandval*, un *Mon-
vel*, un *Bellecourt*, une *Dumesnil*, une *Gaussin*,
une *Sainval*, une *Doligny*? Mais je veux qu'il
sorte tous les ans deux fois plus de grands Acteurs & d'Actrices supérieures, que je n'en cite
ici ; doit-on pour cela souffrir les Jeux du
Rempart? non, sans doute, puisqu'il est avoué &
reconnu qu'ils sont également contraires aux
intérêts du Souverain, & à ceux de ses Peuples. La preuve que ces sortes de Spectacles
sont reconnus pour vicieux, c'est qu'on ne fait
que les tolérer, & quelle raison peut faire tolérer des établissement vicieux, qui, sans pro-
duire aucun bien réel, sont la source de très-
grands maux. Je le dis hardiment, il ne se
forme aucun sujet sur ces *Trétaux*. Ceux qui
y entrent avec quelques dispositions pour le
Théatre, les perdent ; les jeunes personnes du
sexe, qui y montent, ne servent qu'à recru-
ter..... Nul goût, nulle sensibilité, nulle fi-
nesse, nul tact, nulle intelligence, en un mot,
nul talent : voilà en général les défauts les plus
pardonnables que l'on est à portée de remar-
quer dans le grand nombre des sujets qui composent ces Troupes Foraines ; & en vérité,
Monsieur, ce serait se livrer à un travail inutile,
& perdre son tems, que de chercher à se distinguer aux *Trétaux*, par des talens supérieurs;
en faut-il donc tant pour jetter des ordures au

nez d'un Public qui les faifit, & les dévore avec
avidité? Mais ces mêmes Sujets, qui gagnent
leur falaire fi aifément, & aux dépens de la
corruption des Spectateurs, ne feraient-ils pas
plus utiles à leur Patrie, dans les différens métiers, qu'ils feraient forcés d'exercer, pour fe
procurer leur fubfiftance, fi ces écoles de libertinage ne leur offraient une reffource plus
commode? Que de jeunes-gens perdus pour
leurs familles, par cette malheureufe facilité !
Un enfant né de parens honnêtes, a-t-il ab-
forbé fon patrimoine, ou fait quelques fottifes
qui le force à fuir loin de fon lieu natal, il
court aux *Trétaux*, fe fait Mime des Remparts, & trouve, fans difficulté, dans la plus
abjecte de toutes les profeffions, les moyens
de continuer un train de vie, qui eft devenu
pour lui une feconde nature. Que de filles,
fur-tout, abandonnées & flétries pour jamais !
J'ai queftionné à ce fujet plus de deux cents
jeunes perfonnes du fexe, Ouvrieres, Marchandes de Modes, & autres filles de Bourgeois, qui toutes m'ont affuré qu'elles ne cher-
chaient qu'un protecteur affez en crédit pour
les placer aux Spectacles du Rempart. Si cette
épidémie continue, avant une vingtaine d'années nos filles & nos femmes ne connaîtront
plus qu'une feule profeffion, celle d'Actrices
Foraines, toutes voudront l'embraffer comme
la plus agréable, la plus lucrative, & fur-
tout, la plus conforme à leur penchant déter-
miné pour le luxe & les plaifirs.

Quant aux Auteurs qui compofent pour ces
Spectacles, vous pouvez croire, Monfieur,
que je n'en ai gueres meilleure opinion, en

général, que des *Paillasses*, des *Tabarins* & des *Gauthier-Garguille* (33), qui repréfentent leurs pitoyables farces. Rien de plus conftant, ils corrompent, ils perdent entiérement les mœurs. Or, comme le remarque judicieufement M. d'*Arnaud*, dès que le goût du Public eft corrompu, rien n'eft plus rare que de trouver un Littérateur qui ait le courage d'aimer la Littérature pour elle - même, & de s'expofer à déplaire à la multitude. Un tel homme ne confond pas le bruit avec la réputation; il fait fupporter jufqu'à l'obfcurité & à l'indigence, & il n'oublie jamais ces belles paroles de Montaigne : *la vertu eft plus joyeufe des loyers d'honneur, que des récompenfes où il y a du gain & du profit.* Que ces Auteurs profanes & licentieux fe rappellent, à leur confufion, ces vers du célebre Boileau :

Je ne puis eftimer ces dangereux Auteurs,
Qui de l'honneur, en vers, infames déferteurs;
Trahiffent la vertu fur un papier coupable,
Aux yeux de leurs Lecteurs rendent le vice aimable.

Qu'on ne compte point, dit l'éloquent Pané-

Lettre fur la Tragédie d'Euphémie.

M. D.*** ci-devant cité

---

(33) Paillaffe eft fur les *Tréteaux* le bouffon des bouffons qu'il amufe. Le Héros des Paillaffes eft celui dont le langage eft le plus plat & le plus ordurier, dont les geftes font les plus indécens, les poftures les plus fcandaleufes, & approchent le plus de la nudité. *Tabarin*, *Gauthier-Garguille*, *Turlupin*, *Gros-Guillaume*, font les noms des anciens Acteurs qui jouaient dans les farces & parades que donnait au Public la Troupe appellée : *les Enfans fans fouci.* Le chef de cette Troupe s'appellait *le Prince des fots*, titre fort honorable fans doute; les pieces de ce tems étaient intitulées : *la Sotife.*

gyrifte de *Moliere*, les portraits de ce grand homme, pour avoir droit de n'en plus faire. Qu'on ne s'imagine pas que la nature foit épuifée, qu'on eſt venu trop tard. Sous ce frivole prétexte, plus d'une main habile laiſſe échapper ſes pinceaux (34). Que d'admirateurs oiſifs, que d'Ecrivains qui rétréciſſent, & même aviliſſent la ſphere de leur génie · & de leurs talens, rappelleraient encore Thalie s'ils en avaient le courage! Entrez, pourrait-on leur dire, entrez dans la carriere, quoique ſemée des lauriers d'un homme inimitable; paraiſſez ſur la ſcene, mais avec des traits redoutables au vice. Abandonnez les triſtes Romans dramatiques, les ſentences & les déclamations faſtidieuſes; ouvrez les yeux autour de vous, il eſt encore des ridicules, il eſt des méchans & des ſots, montrez-les, & ils ſe cacheront; peignez-les, & vous aurez imité *Moliere!* Fuyez, ſur-tout, fuyez les traces de ces obſcurs *Fabricateurs* de Parades, qui n'ont d'autre reſſource pour plaire, que l'ordure & les obſcénités.

Traité de l'Education Civile.

Aucun Auteur, & ſur-tout, du Théatre, ne veut point, dit M. *Garnier*, travailler ſans ſuccès. Or, comme ces Auteurs du Rempart & des Foires n'ignorent pas, comme je l'ai

---

(34) La peinture des Mœurs, eſt ſûrement la plus ſublime & la plus utile de toutes les eſpeces de peinture; l'exécution en eſt délicate & dangereuſe: elle peut avoir de fâcheuſes ſuites pour l'eſprit & pour le cœur. Mais lorſque ce genre ſera celui des Hommes de génie & des belles ames, on n'aura aucun ſujet de s'en plaindre. *Parallele de la condition & des facultés de l'Homme &c. Ouvrage traduit de l'Anglois, par M. Robinet.*

remarqué

remarqué au commencement de ma Lettre, que la réussite de leurs chétives productions, dépend absolument du suffrage des *femmes de mauvaise vie*, & de la foule de leurs sots adorateurs, qu'elles y entraînent ; ces *faiseurs de Parades* sont comme forcés à ne parler que l'infàme langage de la Débauche, à n'offrir aux yeux que les images les plus nues, les situations les plus sales, pour capter la bienveillance du plus grand nombre des assistans ; disons, encore, que ces Auteurs savent, à n'en pouvoir douter, que les obscénités les plus révoltantes, peuvent seules faire quelqu'impression sur des esprits obtus, & sur des cœurs tout-à-fait blasés & corrompus. Aussi, je ne crains pas de trop le répéter, ne voit-on représenter ordinairement aux *Trétaux*, que de ces ouvrages abominables, dignes fruits du loisir d'un tas d'Ecrivains affamés, qui, ne pouvant, dit M. D*** de B**, s'illustrer par l'éclat des talens, tentent de se faire une réputation, *au moins éphémere*, par la licence de leurs Ecrits. Mais ces perfides Auteurs, la lime & le rabot à la main, n'eussent-ils pas rendu des services plus essentiels à la Société, en exerçant un Art méchanique, qu'en travaillant nuit & jour à la dépravation du goût & des mœurs ? Encore une fois, tout établissement doit avoir pour but, l'utilité publique ; mais quel bien réel résulte-t-il des *Trétaux*, & de la morale qu'on y débite ? Il n'en résulte aucun ; j'ai suffisamment prouvé qu'ils étaient la cause des plus grands désordres. Quelle main invincible & ennemie peut donc les soutenir ?

Je vais, maintenant, répondre aux objections les plus spécieuses que l'on a faites à ma Let-

D

tre ; elles font au nombre de cinq, les voici :

1.º Le mal n'eft pas auffi grand que je le fais.

2.º Les Théatres de la Nation produifent les mêmes maux, les mêmes abus.

3.º Il faut des Spectacles pour le Peuple.

4.º Ces Spectacles font utiles aux vues de la Police, pour la recherche des mauvais fujets, des vagabonds, &c.

5.º Les intérêts des Pauvres fouffriraient de la fuppreffion de ces mêmes Jeux.

On dit, en premier lieu, que j'outre les chofes. J'en appelle fur ce point, au témoignage de tout homme fenfé, de tout ami de l'honnêteté & des mœurs, de tout homme, en un mot, qui, né avec un efprit obfervateur & une faine judiciaire, réfléchit fur les conféquences de chaque chofe. Un Juge impartial tel que j'en demande un, ici, trouvera que dans plus d'un endroit, j'ai affaibli ma touche ; je n'ai fait qu'effleurer l'objet, pour ne pas révolter les perfonnes délicates. Il eft fi vrai que la licence eft portée à fon comble dans ces lieux de proftitution, fur-tout aux Jeux nocturnes, que l'on y rencontre rarement un galant homme, encore moins une honnête femme. Si par hazard il fe trouve huit à dix citoyens vraiment refpectables, fur fept à huit cents fpectateurs, il n'en faut pas douter, c'eft un pur mouvement de curiofité qui les y a conduits ; ils ont voulu voir de leurs propres yeux, entendre de leurs propres oreilles, & juger, par eux-mêmes, de tout ce qu'on leur a rapporté de ces Spectacles fcandaleux ; tous s'écrient, en fortant, que le mal eft au-deffus de ce qu'on leur en a dit. Souvent l'ennui & l'indignation

surprennent ces braves & honnêtes gens au
milieu de la Piece ; ils s'évadent & s'enfuient
de ces repaires, qu'ils déclarent hautement être
les plus mauvais lieux où un galant homme
puisse jamais mettre le pied. C'est ce qui m'est
arrivé plus d'une fois, & à quelques-uns de mes
amis, qui, attirés par la curiosité, n'étaient
pas moins jaloux que moi de savoir jusqu'où
le scandale pouvait pousser l'effronterie, &
qui n'ont pu soutenir ses excès. Ne voit-on pas
qu'une mauvaise impression fait naître un, & C'est le sen-
quelquefois plusieurs vices, que les vices sont timent du cé-
eux-mêmes le foyer des crimes ? Or, comme *sacré.*
tout ce qui frappe les yeux & les oreilles dans
ces Assemblées, n'occasionne que des impressions obscenes, il s'en suit, Monsieur, que je
n'exagere point dans le compte que je vous
rends, de tous les effets pernicieux des *Tré-*
taux. Encore une fois, interrogez les personnes de bien, qu'une louable envie de s'instruire, par elles-mêmes, y a conduites ; s'il
s'en trouve une seule qui m'accuse d'avoir, à
plaisir, rembruni mes couleurs, & d'avoir fait
un tableau trop chargé, je consens à ne passer
que pour un déclamateur.

On avance, en second lieu, que tous les
accidens, tous les abus & les vices dont j'accuse les *Trétaux* d'être la cause, sont également
ment les suites nécessaires des Spectacles de la
Nation. Il faut avoir une connaissance bien su-
perficielle de nos Théatres, pour raisonner
ainsi. Comment ose-t-on, d'abord, comparer
les chef-d'œuvres de *Moliere,* de *Corneille,* de
Racine, de *Voltaire,* & toutes les Pieces
charmantes des génies qui ont illustré la scene
Française, aux farces, aux pantomimes plus

D ij

ou moins indécentes de *tel* ou *tel mauvais Jeu* des Boulevards ? Comment ose-t-on comparer, encore, le cercle, peut-être peu nombreux, mais presque toujours choisi de Citoyens honnêtes & éclairés, que le desir naturel de s'instruire & de s'amuser conduit à nos Théatres ? comment, dis-je, se permet-on de comparer cette Assemblée respectable, aux Conciliabules, aux Tripots de ces libertins, de ces femmes bassement prostituées, ou de ces Courtisannes qui sont sans préjugés, parce qu'elles sont sans principes, qui s'arrogent le titre d'*honnête homme*, parce qu'elles ont renoncé à celui d'*honnête femme* ? de toutes ces Phrynés, en un mot, qui, au sortir d'une orgie, vont chercher aux Boulevards l'amusement grossier qui leur convient, & qui n'en sortent que pour réaliser les tableaux dont elles viennent de voir les esquisses, & se replonger ainsi continuellement dans la fange. Ce n'est ni aux *Français* ni aux *Italiens*, que vous trouverez les jeunes personnes des deux sexes, réunies par pelotons, former des groupes scandaleux. Un jeune homme peut aller tête à tête au Théatre, avec une femme quelconque, mais la décence qui regne dans l'Assemblée où il se trouve, le force à se comporter en homme honnête, au moins pendant le Spectacle, au cas qu'il ne le soit point par principes, & que la personne qu'il y conduit soit de mœurs suspectes. Je ne disconviens pas que l'on rencontre aux Théatres, des Courtisanes, mais l'observation que j'ai faite à ce sujet, au commencement de cette Lettre, suffit pour prouver qu'elles n'y peuvent donner un mauvais exemple, & y causer du scandale : d'ailleurs, ces

Diction. Encycl.

Courtifanes, qui ne veulent pas être confon-
dues avec celles de la lie du Peuple, ont un
intérêt à faire preuve en Public, fi non de
vertu, du moins de décence, de maintien im-
pofant, bienféance dont on eft entiérement
difpenfé aux Boulevards. C'eft le rapprochement des hommes & des femmes fans mœurs,
qui caufe le plus grand mal des Spectacles
Forains, ce rapprochement n'ayant & ne pouvant avoir lieu aux Théâtres de la Nation,
le peu d'êtres corrompus qui s'y rencontrent
étant difperfés & ne pouvant avoir de commu-
nication, le défordre & le fcandale des *Tré-*
taux y font inconnus. Enfin, le lieu de la Scene,
le choix des Pieces, l'honnêteté des Spectateurs font, au moins extérieurement, de nos
Salles, des écoles de probité, de goût & de
bonnes mœurs, tandis que le lieu, les Pieces,
& la fociété font, des Salles du Rempart, des
écoles de mauvais goût, de libertinage & d'infamie.

On m'objecte, en troifieme lieu, qu'il faut
des Spectacles pour le Peuple, & pour les
gens oififs, qui fourmillent fur le pavé de la
Capitale. Quelle objection, bondieu! & qu'elle
eft pitoyable! D'abord eft-il bien vrai qu'il
faille des Spectacles pour le bas Peuple, (car
c'eft de lui qu'on entend parler), & pour les
gens oififs? Cette queftion intéreffante ferait
l'objet d'une difcuffion trop longue ici. Je pour-
rais peut-être obferver qu'on ne doit pas fouffrir tant de gens oififs dans le Peuple, & qu'on
n'en rencontre un auffi grand nombre, que parce
que les reffources de l'oifiveté font trop mul-
tipliées. Quant aux oififs de qualité, nous
ne prétendons point en parler. Nous croyons

D iij

qu'ils auraient trop à rougir d'être partisans des *Trétaux*, & nous devons cet hommage à la vérité, c'est qu'on rencontre peu & rarement de gens titrés & décorés aux Jeux Scéniques des Remparts & des Foires : ils y sont si clair-semés parmi les enfans des Bourgeois, & la populace, que je n'en tire aucune conséquence contre leur rang & leur état, & moins encore une en faveur de ce genre de Spectacles. Ceux qui avancen qu'il faut de tels amusemens pour le Peuple, entendent par ce mot *Peuple*, la Populace ou la lie du Peuple. C'est pour cette Populace donc, qu'il faut des *Trétaux* ? car cet assemblage d'hommes, que j'appelle le Peuple, (nom jadis si respectable), est formé du corps entier de la Bourgeoisie, & ce n'est pas cette portion d'êtres éduqués, qui a besoin des Spectacles *Forains*; ceux qui la composent peuvent & doivent aller aux Théatres : mais cette Populace, composée de gens, qui n'ont d'autres moyens pour subsister, que le rapport de leurs bras; de ces gens encore, qui nés pour la plupart sans esprit, sans jugement, sans raison même, (ainsi parlent nos antagonistes), cette Populace, dis-je, a besoin d'amusemens bas & grossiers, qui soient à sa portée. Cette déclaration recueillie de la bouche des Protecteurs des Boulevards, est un moyen péremptoire qui tranche toute difficulté, en décidant contre les *Trétaux*, dont tous les honnêtes-gens demandent la suppression, conformément aux intérêts du Roi & de la Nation. Je dis que la déclaration de nos adversaires est un moyen péremptoire en notre faveur :

1.° Parce qu'il est de toute fausseté qu'il

faille des Spectacles pour la claffe des Citoyens les plus indigens.

2.º Parce que quand bien même il leur faudrait des Spectacles, il eft auffi de toute fauf-
feté de foutenir, qu'étant nés fans efprit &
fans aucune fagacité, il leur faut des amufemens grofiers ou extravagans.

3.º Enfin, des Spectacles Bouffons, ou du
plus bas Comique, ne doivent pas être des
Spectacles obfcenes, des Spectacles corrupteurs, & abfolument indignes d'un Peuple qui
veut avoir des mœurs.

Premierement, le petit Peuple qui n'a pour
toute reffource que le falaire borné qu'il retire de fon travail, n'a point de fuperflu à
donner aux Hiftrions du Rempart, tel médiocre que foit le prix des places, il eft toujours
trop au-deffus de fes facultés pécuniaires. D'ailleurs ces Ouvriers, ces Artifans ne fauraient
aller dans ces endroits vagabonds, fans contracter avec le goût de la pareffe, mille défauts
qui les rendent incapables, non feulement d'ex-
celler dans leur profeffion, mais même de l'exercer avec honneur & utilité, tant pour eux,
que pour le Public : en fe rendant à quatre
heures au Spectacle, & n'en fortant qu'à huit
ou neuf, voilà plus d'un tiers de leur journée
de perdu : s'ils n'y vont que la nuit, le mal
eft bien plus grand encore, car outre la ma-
tinée qu'ils perdent le lendemain, pour ne pas
fruftrer le fommeil du tems qu'ils lui donnent,
ils dérangent l'ordre de leur maifon, & offrent
un mauvais exemple à leurs enfans. Or, comme l'intérêt le plus facré de l'Etat, n'eft pas
d'entretenir dans fon fein une foule de gens
pareffeux, inutiles, adonnés à l'ivrognerie,

D iv

à la luxure, à tous les vices que fait naître
& nourrit la pareſſe; nous ſommes bien fon-
dés à conclure qu'il eſt de l'intérêt public de ne
pas tolérer des Spectacles pernicieux pour
ce petit Peuple, qui y perd & ſon tems &
ſes mœurs.

Secondement, quand bien même on parvien-
drait à démontrer la néceſſité des *Jeux Forains*,
pour ce même Peuple, il eſt faux de dire,
qu'étant né ſans eſprit & ſans raiſon, il lui
faut des amuſemens groſſiers & ſtupides.

1.º L'expérience dément cette allégation de
nos adverſaires. Toutes les fois qu'on donne le
Spectacle *gratis*, la populace qui compoſe
la chambrée, prouve, par les applaudiſſemens
qu'elle prodigue aux plus beaux endroits des
Pieces, aux talens des bons Acteurs qu'elle
diſtingue; cette populace, dis-je, prouve
qu'elle n'eſt point auſſi bornée, auſſi imbécille
qu'on veut nous le faire accroire; elle prouve,
enfin, que la nature, notre commune mere,
a gravé dans tous les cœurs un ſentiment profond du Beau & du Bon, dont l'impreſſion a
pareillement lieu, quoique d'une maniere plus
ou moins vive, ſur l'ame du Villageois & ſur
celle du Monarque, ſur l'eſprit de l'ignorant
& ſur celui de l'homme le plus éclairé, le
plus inſtruit. Enfin, ou les Pieces des Boulevards ſont bonnes, c'eſt-à-dire, qu'elles ſont
écrites avec goût, avec décence & délicateſſe,
ou elles ſont mauvaiſes, c'eſt-à-dire, d'un genre
plat, libertin, ordurier; ſi elles ſont du premier genre, pourquoi les ſacrifier à ce bas
Peuple qu'on repréſente ſi ſtupide, & qui par
conſéquent ne doit pas s'y connaître; n'eſt-ce
pas ſemer des perles devant des pourceaux?

Si au contraire elles font du fecond genre , il
eſt abſurde, encore un coup , de ſoutenir que
ces ſeules Pieces ou extravagantes , ou ordu-
rieres , conviennent au bas Peuple. Qui donc
ſera aſſez barbare pour avancer qu'il faut fournir à cette populace , des alimens dangereux ,
parce qu'il faut qu'elle ſe nourriſſe ? mais s'il
n'eſt pas même permis d'expoſer ſa ſanté par
des alimens équivoques , doit-il être plus permis d'expoſer ſes mœurs ? que dis-je ? d'em-
poiſonner ſon eſprit & ſon cœur.

2.º En ſuppoſant que cette populace n'eut pas
la pénétration d'eſprit néceſſaire , pour appré-
cier les beautés & connaître les défauts des Ouvrages de nos grands Maîtres, croit-on qu'elle
n'en aura pas toujours aſſez pour deviner l'in-
décence que renferme telle alluſion , telle pen-
ſée , tel jeu de mots orduriers ? Nous devons
tenir pour certain , que l'eſprit peut quelquefois être aſſez borné , pour ne pas ſaiſir le véritable ſens de telle ou telle idée ; il eſt facile
alors de ſe rendre inintelligible , mais le cœur
toujours trop-tôt inſtruit par les paſſions qui le
dominent , ne prend jamais le change , & c'eſt à
lui qu'il eſt impoſſible d'en impoſer:

> Ce que l'eſprit ne comprend pas,
> Le cœur aiſement le devine.

Dans Jean-
net & Jean-
nette , Opéra
Comique de
Madame Fa-
vart, de MM.
Guérin de Fré-
micourt & Har-
ni.

Vérité ne fut jamais plus certaine que celle-là.

Troiſiemement , je conviens avec mes anta-
goniſtes , qu'il faut des Spectacles pour les gens
oiſifs, je leur accorde encore qu'il en faut pour
le menu Peuple , mais je ſuis bien éloigné de
convenir que ces Spectacles, d'un genre borné,
comme ils les demandent , que ces Pieces écrites en ſtyle trivial , doivent contenir des obſcé-

58

nités, qui réveillent les appétits blafés des uns & excitent la *groffe gayeté* des autres. La pratique de la morale, dans la vie privée, ne parviendra jamais à la perfection idéale ; nous ne devons pas pour cela nous permettre tout ce qui eft contre les bonnes mœurs ; ceux qui font chargés de notre inftruction, (les Spectacles & ceux qui compofent pour les Théatres, ne doivent pas fe propofer d'autre but), ne fauraient en confcience travailler à nous rendre les plus infâmes des hommes, fous prétexte qu'ils ne peuvent pas nous rendre plus parfaits ; autant vaudrait-il dire que le poifon doit être infinué dans une playe, parce qu'on ne peut pas la guérir. Or, d'après tout ce que j'ai dit ci-deffus des Pieces qu'on repréfente fur les *Trétaux*, & des circonftances qui accompagnent ces repréfentations, il eft conftant qu'elles corrompent tout-à-la-fois le goût, les efprits & les cœurs, donc elles ne doivent pas être permifes. Qui tolere le mal, dit M. de *Voltaire*, en eft l'auteur ; en favorifant les paffions de ces Oififs, de ces libertins, de cette populace, enfin, pourquoi nous priver de tant de cœurs qui auraient aimé la Patrie, & de tant de bras qui l'auraient fervie ou défendue, qui lui auraient été utiles de mille autres manieres ? mais, ajoute-t-on, c'eft pour prévenir un plus grand mal, qu'on permet un petit mal. Un petit mal ! &, quel plus grand mal, que la dépravation des mœurs ? Quel homme fenfé peut, fur ce point, être d'un fentiment oppofé à celui de Dom *Ramire*, qui dit pofitivement qu'on ne doit permettre ni favorifer aucun Spectacle indécent, qu'aucune raifon, de bien, même plus grand, ne peut

l'autorifer, & qu'on eſt obligé de s'y oppoſer
de tout fon pouvoir? Les Pièces jouées fur les
Trétaux, font au cœur, ce que l'arſenic eſt
au corps ; nos Loix toujours ſages & prévo-
yantes ont ſévérement défendu le débit du poi-
ſon ; ne doivent-elles pas également défendre
le débit du venin que le Vice expoſe hardiment en vente dans ſes magaſins du Boulevard? Ces ſentimens dignes d'un Religieux &
d'un Chrétien, n'ont rien, Monſieur, qui puiſſe
me ſurprendre. Les Politiques, les fameux Lé-
giſlateurs de la Grece & de Rome, dont les
Codes font paſſés juſqu'à nous, & forment
encore la baſe de nos Légiſlations modernes,
ont-ils jamais penſé que, pour amuſer le petit
Peuple & les oiſifs de profeſſion, il fallut leur
fournir les moyens dangereux de tuer le tems
qui leur peſe, & leur ouvrir des écoles de
libertinage & de pareſſe, pour les empêcher
de mal faire? Certes, on ne repréſenta jamais à Lacédémone, à Athenes, à Rome,
les infamies auxquelles le Peuple peut, chez
nous, courir en foule. Qu'on ne me diſe
pas que ce Peuple n'en ſerait pas moins ce
qu'il eſt, quand même les *Trétaux* ne ſubſiſteraient point. J'aſſure qu'il ſerait beaucoup
moins dépravé : quand ces Jeux ciniques ne
corrompraient que vingt Sujets par an, ne
ſerait-ce pas une cauſe ſuffiſante pour les faire
ſupprimer? Ils en corrompent des milliers, &
on ne dit rien, perſonne n'éleve la voix pour
plaider la cauſe des mœurs au Tribunal de la
Raiſon ! Qui peut donc ignorer juſqu'où
l'exemple étend ſon funeſte empire? L'exemple ſeul, dit M. *d'Alembert*, ſuffit pour faire
de l'homme un être méchant. « Les devoirs de

Lettre ſur les
Spectacles, à
J.J. Rouſſeau.

» la vie sociale font si compliqués, si univer-
» sels, si importans, que les passions aban-
» données à leur fougue naturelle, les heur-
» teraient à tout instant, & ne pourraient les
» heurter sans causer le plus grand désordre.
» Pour prévenir cet accident, il faut qu'une
» éducation sage nous accoutume de bonne
» heure à nous modifier selon les loix des so-
» ciétés particulieres, dont chaque homme est
» membre (33), sans cela il en résulterait une
» désunion dans le corps politique, qui l'af-
» faiblirait par degrés, & amenerait prompte-
» ment sa dissolution totale. L'union sociale
» consiste sur-tout dans cette conformité de
» principes, d'inclinations & d'habitudes dans
» tous les membres, laquelle ne peut se for-
» mer qu'en gênant l'appétit naturel, qui rap-
» porte tout à soi. Cette gêne n'est point un
» attentat contre la nature ; c'est une heu-
» reuse transformation de la liberté naturelle
» en liberté sociale, la seule qui puisse conve-
» nir à l'homme dans l'état présent des choses.
» celui-là seule est vraiment libre, qui l'est
» selon les Loix. Toute liberté qui passe ces
» bornes est licence, & la licence est la plus
» proche voisine de l'esclavage ». Que de gran-

Parallele de la condition & des facultés de l'homme, avec la condition & les facultés des autres animaux : Ouvrage traduit de l'Angl. par M. Robinet.

(35) Il est bon d'observer, que cet Auteur judicieux, ce sage politique n'établit aucune distinction entre ces membres : tous dépendent du même Gouvernement, contribuant tous à l'utilité commune, ils doivent prétendre aux mêmes graces à la même faveur, aux mêmes attentions. La vertu des hommes les plus obscurs de ceux que l'on croit les plus abjects n'est pas moins précieuse au Roi & à la société, que celle des Citoyens constitués dans les plus hautes dignités. C'est la pensée de *Grotius* & de *Montesquieu.*

des vérités renfermées dans ce paffage! Comment peut-il fe faire, par exemple, qu'un jeune homme ne prenne pas pour autant de principes fûrs & néceffaires, des propos obfcenes & fcandaleux, des portraits ébauchés fur la Scene, par fois réalifés dans la Salle, & toujours applaudis dans l'un ou l'autre cas (34)? Comment fe défendra-t-il de partager lui-même ces excès, lorfqu'il fe voit excité, encouragé par la plupart des affiftans? Mais que deviendra ce jeune homme imprudent & malheureux? que deviendront tous ceux qui l'imiteront? « La raifon qu'on vante tant en nous, » dit l'Auteur que je viens de citer, eft fi fai- » ble, fi vaine, fi imbécille, qu'elle prend » indiftinctement toutes les formes que la Cou- » tume, le climat, le Gouvernement, le tempé- » rament, le caprice, *l'exemple* & les paffions » lui donnent..... Sur ce principe, un enfant » accoutumé à être fon propre maître, c'eft- » à-dire, l'efclave de fon tempérament, aban- » donné à tous fes penchans, parvenu à l'âge » de raifon, les fera fervir à fes paffions : voilà » où mene cette belle méthode de livrer l'en- » fance à elle-même, fans lui donner de bonne » heure des habitudes vertueufes. Si la raifon » particuliere était toujours néceffairement & » invariablement conforme à la raifon univer-

(36) Si l'on fe contentât aux *Tréteaux* de débiter une morale lubrique, quoique ce fut déjà un crime affreux, peut-être les jugerait-on avec moins de févérité; mais du débit on paffe à la pratique; & j'ai été plus d'une fois témoin des indécences révoltantes, commifes à la face du Public, par les *Chouettes de Vénus*, qui font payées pour y jouer leur rôle, & l'on fait comme elles s'en acquittent!

» felle, à la nature des chofes, aux loix de
» la fociété, fi la droiture naturelle était inal-
» térable, & les paffions incorruptibles, alors,
» & feulement alors, il faudrait fe fier en-
» tierement à la nature, laiffer mûrir la rai-
» fon, & en attendre ces vertueufes habitudes
» qu'on a tant de peine à former. .... Mais,
» où trouver des enfans fi heureufement nés,
» d'une organifation fi pure, d'un efprit fi par-
» fait, que les habitudes les plus nobles & les
» plusgénéreufescroiffent & fe fortifient d'elles-
» mêmes en eux, fans le fecours de l'inftruc-
» tion, & malgré la contagion du mauvais
» exemple » ?... Mais, quelle inftruction, que
celle que l'on puife aux Boulevards ? Qu'on
fupprime aujourd'hui les ordures qui s'y débitent, qu'on en interdife l'entrée à toutes les
filles de joie, qui s'y rendent en proceffion
des quatre coins de Paris, & je répons que
ces Salles feront défertes demain. Ce n'eft donc
que le pur amour du libertinage, qui chaque
jour y attire cette affluence de monde des deux
fexes, qui fe communiquent mutuellement la
lepre de tous les vices dont ils font infectés,
& je crois avoir dit avec affez de raifon dans
ma Satyre.....

> Mais à ces vils *Trétaux*, où l'affreufe débauche
> Réalife toujours les portraits qu'elle ébauche,
> L'exemple a tant de poids fur tous les Spectateurs,
> Que la fageffe même y rifquerait fes mœurs.

Je vous demande, Monfieur, fi c'eft dans
un Gouvernement auffi fage, auffi éclairé,
auffi bienfaifant que l'eft actuellement le nôtre, que de pareilles Ecoles doivent fe flatter

de fleurir plus long-tems à l'ombre de la protection de ce même Gouvernement ?

En traçant le tableau des abus & des défordres qu'engendrent les *Tréteaux*, il m'a semblé
me trouver à l'époque où se trouvait l'illustre
T. Morus, Chancelier d'Angleterre, lorsqu'il
s'écriait : « Le comble du malheur est de voir
» le luxe effréné, triompher insolemment au-
» jourd'hui parmi nous. Dans quel siecle le
» faste a-t-il osé paraître avec autant d'audace
» & d'impudence qu'il se produit dans le nô-
» tre ? De quels excès n'est-il pas capable,
» lorsqu'il peut tout se permettre impunément?
» Il a confondu tous les Etats, il a renversé
» les barrieres qui séparaient tous les Ordres,
» & les distinguaient ; c'est lui qui revêt de
» ses livrées chamarrées d'or & d'argent, la
» Valetaille, vos Marchands & vos Ouvriers.
» C'est lui qui, piquant la stupide vanité de
» vos Artisans & même de vos Villageois, les
» fait rougir de leur heureuse médiocrité, &
» les contraint de substituer les galons, à la
» simplicité de leurs anciens vêtemens ». Eh,
qui produit le luxe effroyable, si ce n'est,
comme le remarque très-bien M. *de Querlon*,
la fureur immodérée des mauvais Spectacles ?
M. *le Franc de Pompignan* (35), va plus loin
encore. Pourquoi, dit-il, les crimes atroces
deviennent-ils plus communs? Qu'on parcoure
les Registres de nos Parlemens, sur-tout les
Arrêts imprimés, de la Tournelle de Paris,

_____

(37) Dans ses observations sur les *Euménides*, traduc-
tion des Tragedies d'Eschyle, tout le monde connait le
mérite de cet ouvrage.

on y verra que des forfaits inconnus aux premiers Légillateurs, que des meurtres hor-
ribles qui auraient soulevé des Nations entieres,
font aujourd'hui fréquens dans le cœur du
Royaume le mieux policé de la terre. A quoi
les attribuer ? Serait-ce à l'impunité ? Jamais
la Justice ne fut si sévere ni si prompte à
Paris. Serait-ce à la férocité des mœurs? Les
Français n'en font pas accusés. On ne parle,
au contraire, dans les conversations & dans les
écrits, que de passions douces, de cœurs honnêtes, d'esprits honnêtes, d'ames honnêtes, de
créatures honnêtes. Mais si cette douceur,
cette honnêteté tant rebattues, ne font que
des mots vagues, des expressions parasites, qui
ne signifient rien à force d'être répétées sans
cesse ; *si par malheur les mœurs publiques sont
corrompues, si les mœurs particulieres sont
détestables*, les notions du bien & du mal,
changées, la Religion tournée en ridicule, la
nature traitée de chimere, on n'a plus à chercher la cause de tant de forfaits multipliés,
on la reconnaît dans ses effets. Oui, Monsieur,
nous n'en saurions malheureusement douter ;
toutes ces troupes de Chanteuses, d'His-
trions, de Baladins, de grandes & de petites
Voltigeuses, qui se traînent sur la poussiere des
Trétaux & des Remparts, ne contribuent pas
peu à faire naître, à fortifier cette passion
désordonnée pour le faste & la mollesse, qui,
eux-mêmes, font les causes secondes de tout
le mal dont nous nous plaignons. Ce n'est que
depuis la multiplicité de ces *Jeux Forains*,
que nous voyons pulluler, à Paris, l'engeance
impure des Artisans du luxe, des Marchandes
de modes & autres Ouvrieres, qui souvent font
plus

plus à craindre encore que ces femmes & ces filles qu'elles perdent par leur art infernal. Combien de ces Grisettes ne font souvent qu'un saut de ces Magasins de modes, * à ceux de l'Opéra, des *Trétaux*, & à d'autres encore dont le nom se devine plutôt qu'il ne se dit. Cette circulation de mauvais sujets des deux sexes, qui se forment dans ces Salles du Boulevard, fomente une sorte de peste dans le sein de la Capitale, & cette peste y produit journellement les plus affreux ravages. Dans quel siecle, Monsieur, a-t-on vu les Temples de l'Incontinence & de la débauche, plus fréquentés que dans le nôtre? C'est encore *Morus* qui parle. Les cruels Jeux de hazard, les Farces ridicules & impertinentes, les Pantomimes obscénes se sont multipliés à un point effrayant. Mais ces Jeux ne fournissent-ils pas des expédiens aussi prompts que faciles, pour épuiser la bourse d'une infinité de Sujets, qui ensuite entrainés, poussés par le désespoir, se portent aux dernieres extrémités, & vont apprendre, sur le grand chemin, à corriger la malignité de leur sort? Chassez, chassez de l'enceinte de vos villes, ces pestes cruelles; murez ces asyles abominables où l'on sacrifie avec une égale fureur, à l'intempérance & au libertinage. C'est là que se trouvent ces dépôts de garnemens, de vagabonds qui ne font d'autre métier que celui de former des complices de leurs désordres, & de corrompre tous ceux qui les approchent. Ne souffrez pas qu'il y ait parmi vous un seul homme oisif; rendez à la terre les bras qu'elle vous redemande.... Si vous ne remédiez promptement à ces excès dont vous frémissez, c'est en vain que vous vanterez la

* Je ne suis pas assez injuste pour les regarder tous du même œil. Je connais de ces maisons où les jeunes demoiselles, qui y travaillent avec assiduité, reçoivent de la part des Maitresses, qui sont leurs amies, des exemples de sagesse & d'honnéteté, dont elles ne s'écartent point.

E

sévérité de vos Loix, & votre Police admirable; le mal ne fera qu'empirer de jour en jour: en effet, en tolérant la mauvaise éducation que l'on donne à la jeunesse *dans les Tripots du Boulevard*, en souffrant que ses mœurs se corrompent sous nos yeux, & en punissant les crimes qu'elle commet dans un âge plus avancé, crimes que nous aurions dû prévoir & prévenir par la suppression de tous les objets dangereux; dites-moi si ce n'est pas élever, au milieu de nous, des scélérats, pour avoir le plaisir de les condamner, un jour, au supplice? Ainsi parle le célèbre *Morus*; mais il s'en faut bien que les choses fussent portées, de son tems, au point de corruption où elles sont parvenues de nos jours. De quelle indignation aurait été pénétré ce grand Homme, s'il eût été témoin oculaire des scenes scandaleuses dont je viens, Monsieur, de vous présenter le détail: certes, il n'aurait pas vu avec une indifférence Stoïque, le triomphe du mauvais Goût & de la Débauche; ce grand Magistrat, dont toute la vie, digne d'une meilleure fin, fut consacrée à la gloire & au bonheur de sa Nation, n'aurait pas manqué d'employer tout son crédit, toute son autorité, pour faire cesser des abus si révoltans, si contraires au bien de l'Etat & de l'humanité en général.

Nous vivons dans un siecle bien supérieur au sien, par les lumieres que nous avons acquises depuis; nous vivons, de plus, sous un ROI devant qui la Vérité peut, sans crainte, paraître dans tout son éclat; il l'aime, cette Vérité sainte, il l'accueille, il est digne de l'entendre. Ce jeune & vertueux Monarque, qui signale chaque jour de son auguste Em-

pire, par de nouveaux bienfaits, est pour nous
un bon pere ; il regarde & chérit indistincte-
ment tous ses Sujets, comme ses propres enfans. Quel espoir pour nous ! Ah ! Monsieur,
nous n'en doutons point, sa main protectrice
& bienfaisante comblera, avec le tems, tous
ces précipices affreux qu'une politique mal
entendue a creusés sur ses pas. Nous vivons
encore sous des Ministres & des Magistrats,
dont toutes les vues sont dirigées vers le bien
public, dont l'intérêt le plus cher est également de faire revivre les bonnes mœurs. Il
est, dit M. *de Voltaire*, des ames sages,
honnêtes, éclairées, ce sont ces hommes-là
qui font les Loix ; plus on est homme de
bien, plus on doit s'y soumettre ; on donne
l'exemple aux vicieux, qui respectent une rete-
nue que la Vertu s'est donnée elle-même. Le meil-
leur moyen de mettre un frein à la licence &
à la corruption, est de supprimer les *Trétaux*.
Comme la Capitale, ainsi que je l'ai dit, donne
le ton aux Provinces, ce serait risquer la
perte des mœurs de la Nation entiere, que de
laisser subsister plus long-tems ces Jeux si contraires aux sages mesures que le Roi prend
pour assurer le bonheur de ses Peuples. Non,
l'infame Avarice ne doit plus se flatter de trom-
per la vigilance paternelle des *Maurepas* (38),

---

(38) Quel portrait plus frappant peut-on offrir de nos *M. Horin*
Ministres & de nos Magistrats actuels, que celui qu'un *de Pari, d-*
habile Orateur * fait d'un celebre Magistrat du dernier *son Eloge de*
siecle. Tous les traits sont de la plus exacte ressemblan- *Mathieu Mo-*
ce : « Tandis que les siecles n'offrent à nos yeux que des *é . , Prasir*
» oppresseurs & des opprimés, qu'il est doux, qu'il est *Prejit t &*
» consolant, pour l'humanité de voir des Sages réunis au- *Garde du*
seaux.

des *Amelot*, des *Miromefnil* & des *d'Aligre* : ces illuſtres Miniſtres, dépoſitaires de l'autorité du plus aimé des Rois, ces grands Magiſtrats, dont nous chériſſons & admirons les vertus patriotiques, vont, ſans doute, s'empreſſer de porter les premiers & les derniers coups à ces Spectacles corrupteurs, dignes, à la fois, de la ſtupide ignorance & de la groſſiereté barbare de ces ſiecles reculés, dans leſquels, cependant, on chaſſa du ſein de l'Etat, les *Farceurs* & les *Hiſtrions*, comme des peſtes publiques. Nous voyons que le Parlement de Paris, inſtruit des Farces indécentes (39) que

---

» tout d'eux, ce que l'éloquence à de force, ce que » la Philoſophie a de profondeur, ce que la vertu a de » majeſté, ainſi couverts de tout ce qui peut rendre les » Hommes chers, utiles, & précieux à leurs ſemblables, » s'avancer entre les Peuples & les Rois ! Là, d'une voix » touchante & ferme, perſuader la moderation à ceux qui » commandent, la fidelité à ceux qui obéiſſent, à tous » cette bienveillance générale, ſans laquelle il n'y aura » jamais de bonheur ſur la terre. De tels hommes ſont » le plus beau préſent que le Ciel puiſſe faire à la ſociété : » LA NATURE AVARE, NE LES MONTRE QUE DANS » CES TEMS DE CRISE ET DE DÉSORDRES, OU LES ES- » PRITS JETTÉS LOIN DES ROUTES ORDINAIRES, ONT » LE PLUS BESOIN DE MODÉRATEURS ET DE GUIDES ». C'eſt ainſi que l'Ange tutelaire de la France a fait naî- tre Louis XVI, & ſes ſages Miniſtres, pour rétablir les mœurs & rendre à la Nation ſon plus beau luſtre.

(39) *Les Enfans ſans ſouci*, ſuccéderent aux Con- freres de la Paſſion. Les Enfans ſans ſouci commence- rent à donner, ſous le regne de Charles VI, quelques mora- lites burleſques : les Clercs de Procureur au Parlement tranſigerent avec les *Enfans ſans ſouci*. Les meilleurs Poëtes qui compoſaient pour la Troupe, étaient *Clément Marot*, & *Vilien*. Les farces qu'on donnait, conſiſtaient dans le récit d'un fait plaiſant ; le ſtyle en était joyeux & bi-

représentait la Troupe des *Enfans fans fouci*, fit fermer leur Théatre, par Arrêt du 6 Octobre 1584. Nous lifons pareillement dans la Gazette du 17 Mai 1697, que Louis XIV, de glorieufe mémoire, profcrivit le Théatre Italien (40), parce que l'on y jouait des Pieces licentieufes, & que l'on ne s'y était pas corrigé des obfcénités & des geftes indécens. Louis le Grand avait raifon de penfer que la vertu d'un Manœuvre n'eft pas moins précieufe à un Souverain, vertueux lui-même, &

---

farce, les maximes refpiraient la gayeté & même la débauche. Dans les *Sotties*, on s'attachait aux perfonnages les plus diftingués. *Les Enfans fans fouci* pouffèrent l'infolence au point de jouer le bon Roi Louis XII, fur leurs Tréteaux; & ce qu'il y a de plus étonnant, fans doute, c'eft que ce Prince, qui affifta à une repréfentation de la Piece, n'en témoigna aucune humeur, aucun mécontentement: c'eft par ces farcafmes que le Peuple fe vengeait des Grands de l'Etat, & la main qui lançait ces traits piquans reftait fouvent cachée. C'était la Comédie d'Ariftophane. *Voyez le 1.e vol. de la Lettre de M. D. de B*** & l'Eloge de Moliere, par M. D***.*

(40) On fait que le Théatre Italien fut, dès fon origine, fort enclin aux indécentes Bouffonneries. Louis XIV le fupprima par les raifons que je rapporte. Quelques perfonnes de la première qualité, protecteurs de la Comédie Italienne, agirent fortement auprès du Roi, pour la révocation de fon Arrêt contre elles; mais leurs démarches furent inutiles. A la grande fatisfaction de tous les Habitans de la Capitale, la Comédie proprement dite Italienne, vient d'être de nouveau fupprimée: puiffe-t-elle ne jamais fe rétablir! La perte du fieur *Carlin* eft tout ce que l'on peut regretter dans cette fuppreffion; mais fon grand âge, & fes longs fervices lui ont acquis, avec la bienveillance du Public, le droit de jouir actuellement du fruit de fes travaux.

E iij

à l'Etat, que la vie de cet obfcur individu, & qu'il ne doit pas être plus permis, nous le répetons, de lui donner des exemples pernicieux, que des alimens empoifonnés.

Mais on infifte fur la néceffité des Spectacles pour le Peuple; je conviens qu'il en faut d'honnêtes pour les honnêtes-gens de toutes les claffes & de tous les états; auffi formai-je le vœu le plus ardent pour la deftruction des *Tréfaux*, & l'établiffement d'une feconde troupe de Comédiens Français. Dans ma Lettre fuivante, Monfieur, j'efpere que j'aurai l'honneur de vous convaincre de la néceffité de ce fecond Théatre, & de la poffibilité d'y procurer, au plus bas prix, des entrées au petit Peuple, qui eft le feul pour lequel réclament mes Adverfaires. Ces Spectacles ayant pour but, & l'amufement & l'inftruction de tous les Spectateurs, les mœurs fe trouveront au moins à l'abri. La morale du Théatre, dit M. *d'Alembert*, confifte moins à opérer un changement fubit dans les cœurs corrompus, qu'à prémunir contre le vice, les ames faibles, par l'exercice des fentimens honnêtes, & affermir dans ces mêmes fentimens les ames vertueufes. J'ai avancé ci-devant, d'après le fentiment du Panégyrifte de *Moliere*, une vérité certaine pour les Philofophes & les Politiques, c'eft que les Spectacles ont la plus grande influence fur les mœurs; les mœurs, fur la police des Etats; la police des Etats, fur leur profpérité; leur profpérité, fur leur durée : ainfi vous voyez, Monfieur, que de conféquence en conféquence; un mal qui paraît, à peine, fait pour attirer l'attention dans fon origine, produit des cataftrophes, des boule-

verfemens effrayans. On ne fauroit donc trop
furveiller les Spectacles, qui, en corrompant
le Peuple, ou en le guidant vers l'honneur &
la vertu, deviennent la caufe premiere de la
perte ou du falut des Empires (41).

On s'accoutume aifément, dit *Quintilien*,
à faire ce qu'on voit & ce qu'on entend, & fi
le plaifir de voir mal faire fe change en ha- Liv. t. Ch. 1.
bitude, que cette habitude devienne une fe-
conde nature, alors tout eft perdu. Cet éloquent Rhéteur dit, dans un autre endroit, plût
au Ciel que nous ne fuffions pas les premiers
corrupteurs des mœurs de nos Enfans! c'eft Liv. t. Ch. 3.
nous qui les enfeignons, c'eft nous qu'ils pren-
nent pour maîtres & pour modeles. *Ils ne*
voyent & n'entendent que des chofes honteu-
fes à dire & à faire, & ils en contractent
l'habitude avant même de favoir que ces mots
& ces actions font un mal. La plupart de ces
peres & meres qui vont aux *Trétaux*, ne rou-

---

(41) Dans tous les Etats, mettez, à la place de ces
Citoyens dont les mœurs pures font formées par une bonne education & des exemples vertueux, de ces têtes lége-
tes, de ces étourdis élevés dans les écoles du plus mauvais
goût & du libertinage; quelle fera la fuite de ce changement! Les volontés chancelantes & fouvent contradictoires
de ces derniers, ne fe fixeront à rien d'utile; leurs vues
bornées, leurs idées rétrécies ne produiront rien de bon.
L'un détruira ce que l'autre aura commencé; ils iront
fans favoir où s'arreter. A force de fe rencontrer, ils fe
heurteront comme des Béliers, & le plus beau de la fcène,
ils finiront par fe détruire : le Peuple, témoin de leurs
malheureufes inconféquences, en fera la premiere victime.
L'ami du Prince & de la Patrie, ou le bon Citoyen, par
M. de Sapt. I. Entretien.

E iv

giffent point de répéter devant leurs enfans les obfcénités qu'ils ont recueillies aux Boule-vards, & d'enchérir encore par-deffus. Mon-

tefquieufe plaint, de foncoté, que les fages leçons données aux enfans, dans la maifon des peres & meres qui favent les élever, font détruites par les impreffions du dehors; & peut-il en être de plus funeftes que celles que l'on reçoit aux Remparts ? Pourquoi fouffrir qu'on parle aux hommes, je ne dis pas feulement un jar-gon plat, futil & trivial, (ce qui ferait déjà un très-grand mal, puifque la corruption du Goût influe toujours fur celles des mœurs*), mais

* Feuille Heb-domadaire de 1770, par M. de Querlon.

un jargon dont chaque terme, dans la plus grande partie des parades du Rempart, eft prefque toujours ou un outrage fait au bon fens, ou une injure proférée contre la fageffe & l'in-nocence. Si l'illuftre Citoyen de Genève a

Lettre fur les Spectacles, à M. d'Alem-bert.

raifon d'avancer, que rien n'eft plus contraire à la faine morale, que de réveiller par des fitua-tions féduifantes, un fentiment auffi dange-reux que l'amour, que dire de ces *Trétaux*, où l'on ne rougit de rien, foit dans le difcours, foit dans la pantomime, excepté de la décence & de l'honnêteté ? Je reviens fouvent fur ce point, parce qu'on ne faurait trop y infifter; encore une fois, la caufe des mœurs eft celle du falut de la Patrie. Non, Monfieur, non; je ne penfe pas que le Théatre puiffe être nui-fible aux bonnes mœurs, toutes les fois qu'on le ramenera à fon véritable but, qui eft d'être utile en corrigeant nos vices & nos ridicules par une plaifanterie fine & délicate, ou par les traits perçans de l'éloquence & de la vérité; mais je fuis intimement perfuadé auffi, que des

Spectacles, tels que ceux qu'on ouvre le jour
& la nuit aux Boulevards, font autant de che-
mins frayés vers le libertinage, & qu'en four-
niffant ainfi à la jeuneffe des deux fexes, les
moyens de s'élancer dans les gouffres, nous
perdons la plus belle & la plus riche efpé-
rance de l'État (42). N'oublions jamais cette
grande vérité : *La Patrie a des droits fur le* M. de la Dix-
cœur de tous les hommes : Tel individu, qui de Voltaire.
parait jetté comme au hafard fur la terre, pour
y végéter dans la claffe la plus obfcure du Peuple, peut, fi on ne lui donne que des idées
faines, mâles, dignes, en un mot, de l'excel-
lence de fon être, faire un jour un grand
homme, un homme vraiment utile à fon
Pays ; ce qui, certes, n'arrivera jamais, fi nous
continuons de penfer qu'il faut amufer les oififs & le bas Peuple, par des farces & des
pantomimes orduriéres. Il eft étonnant, dit un
Ecrivain de beaucoup d'efprit, combien les L'Auteur de
Bsch s de Bs-
ls, nouvelle.

---

(42) Cicéron, le plus fage des Philofophes & l'ami
le plus fûr de la Jeuneffe, nous dit que la nature exige
de nous une conduite grave & férieufe, & nous appelle
à des occupations plus importantes que les Jeux & les Di-
vertiffemens. Ce n'eft pas qu'on ne puiffe quelquefois fe les
permettre ; mais ce ne doit être qu'après avoir fatisfait à
fes devoirs : IL FAUT MÊME PRENDRE GARDE QUE NOS
JEUX N'AYENT RIEN D'EMPORTÉ NI D'EXCESSIF, NON
PLUS QUE DE BAS ET D'INDIGNE D'UN HONNÊTE HOM-
ME. Car fi nous ne permettons pas aux Enfans mêmes
toutes fortes de jeux, mais feulement ceux qui peuvent
s'accorder avec l'honnêteté, combien plus devons-nous
prendre garde de ne nous rien permettre fur ce fujet, qui
ne convienne au caractere du parfait honnête homme. Cicéron
Liv. 1.er Chap. 19, des Offices. Ne s'élevera-t-il point
parmi nous quelque nouveau Cicéron, pour défendre &
venger la raifon, le goût & les mœurs !

objets obscenes, qui frappent nos yeux, font
de ravages dans notre ame ! combien ils ajou-
tent à nos réflexions & à nos sentimens ! Je
frémis quand je pense qu'il ne faut qu'une
misérable équivoque pour perdre une jeune
personne de l'un ou de l'autre sexe. On veut
deviner, on étudie, on s'applique, on trouve
le véritable sens ; la polissonnerie qui chatouille
l'oreille, éveille l'esprit, gagne le cœur ; on
veut toujours mettre en pratique ce qui plaît &
séduit ; la volupté fascine les yeux, obscur-
cit le jugement, absorbe toutes les facultés,
dévore l'individu dont elle s'empare ; que de-
vient-il ? La cause premiere des forfaits du
plus grand scélérat, est peut-être de moindre
conséquence encore qu'une équivoque !

La quatrieme objection n'est pas la moins
spécieuse. Ces Salles, dit-on, servent aux vues
bien intentionnées de la Police. 1.º C'est dans
ces réceptacles qu'elle trouve le dépôt de ces
garnemens, de ces gens sans aveu, de ces
bandits même, dont elle a tant d'intérêt de
connaître les actions & les démarches. On arrête tous les jours, au sortir des *Trétaux*, de
fort mauvais sujets, dont on ne pourrait jamais s'emparer, si ces mêmes *Spectacles* ces-
faient d'avoir lieu. C'est assez nous faire entendre que ces *Trétaux* font des endroits plus que
suspects, puisqu'ils servent de réfuge aux co-
quins. 2.º Ces Spectacles contiennent, pendant
plusieurs heures du jour, les oisifs, qui sans
ces objets de distraction, commettraient de
grands désordres. Il faut répondre aux deux
chefs de cette objection.

Je ne puis m'empêcher d'observer, 1.º que l'on
doit trouver fort étrange la Police d'un Peu-

ple qui to'cre des écoles meurtrieres, fous le
prétexte de fixer un moyen infaillible de s'af-
furer de quelques bandits. Cette objection eft-
elle férieufe, & ceux qui la font, ne fe rendent-ils pas réellement coupables d'une infulte
grieve envers le Magiftrat fi refpectable, qui
veille aujourd'hui au dépôt facré des mœurs
& du bon ordre de cette Capitale ? Les lumieres, la prudence & la vigilance de ce fage
Magiftrat, ne nous font-elles pas de fûrs ga-
rans qu'il lui fera facile de trouver des reffources bien moins pernicieufes pour les bonnes
mœurs qu'il honore & qu'il protege ? Pour quelques garnemens que l'on peut arrêter au fortir de
ces lieux, ce qui, fans doute, eft un bien, à quels
dangers n'expofe-t-on pas la jeuneffe qui les
fréquente ? Mais eft-il vrai que les *Trétaux*
fervent à faire découvrir les mauvais fujets ?
J'ai de la peine à croire qu'un Individu qui s'eft
rendu coupable d'un délit affez grave pour
avoir à redouter l'animadverfion des Loix,
veuille s'expofer à être reconnu dans une
affemblée quelconque. Le criminel, dit un fa-
vant Jurifconfulte, * craint la lumiere, & ne
marche que dans l'ombre. Si l'on découvre
quelques efcrocs, quelques filoux aux Jeux Scéniques du Boulevard, c'eft payer trop cher
cette découverte, que de l'acheter aux dépens
des mœurs. D'ailleurs en diminuant les afyles
de la pareffe & de l'oifiveté, le nombre des
gens à baffeffes diminuera néceffairement, &
toutes les fois que les Officiers de Police voudront féconder les travaux & les foins du Magiftrat, qui eft à leur tête, il leur fera fort
aifé d'en impofer à l'aftuce, à la mauvaife
foi, & de déconcerter, de faire trembler les

* Claude *
Ferriere.

frippons au point qu'ils n'oferont fe montrer.
Ce que je dis ici peut également s'appliquer
au fecond chef de l'objection. Je conviens que
fi l'on fupprimait tout-à-coup les *Trétaux*,
la Jeuneffe oifive, qui trouve une diftraction
conforme à fon goût dans ces lieux impurs,
fe répandrait fur le pavé de Paris, & y com-
mettrait mille défordres. Mais que l'on fub-
ftitue aux Spectacles du Rempart, des Spectacles plus dignes de la Nation, des Spectacles
capables de ramener le goût & les mœurs,
des Spectacles, enfin, qui dirigent les inclinations de nos enfans vers le bien, alors les
appréhenfions que l'on a, tomberont d'elles-
mêmes ; & s'il fe trouve encore des mauvais
fujets, la févérité de la Police, qui éclairera
toutes leurs démarches, les contiendra dans le
devoir, & les forcera, fous les peines les plus
rigoureufes, à ne pas troubler le bon ordre
& la tranquillité publique ; mais nous le répé-
tons, il faut que le rôle & la prudence du
fage Magiftrat, qui y préfide, foient fecondés.

On me demande en dernier lieu, comment
on pourrait dédommager les Pauvres, du quart
qu'ils ont dans la recette journaliere des *Trétaux*, fi on les fupprimait ? Premierement, le
quart qu'ils auraient à prélever dans le nouveau Théatre Français, qui remplacerait les
Salles du Rempart. Secondement, les aumô-
nes que des perfonnes auffi opulentes que bien
intentionnées, font prêtes à verfer dans le
fein de ces Pauvres, pour les dédommager de
la fuppreffion des *Trétaux*.

Je crois, Monfieur, avoir fuffifamment ré-
pondu aux objections les plus apparentes que
l'on m'a faites ; j'ofe me flatter qu'il ne me

ferait pas plus difficile de répondre à toutes celles qu'on pourrait me faire : je vais me réfumer.

Il réfulte de cette Lettre, 1.° que les Spectacles du Boulevard & des Foires, ne produifent aucun bien réel : 2.° qu'ils produifent tout le mal poffible : 3.° que le but de la Comédie étant de rendre les hommes meilleurs, en leur procurant en même-tems un amufement convenable, il ne faut ouvrir à toutes les claffes du Peuple, que des Théatres où préfide la décence, & où les mœurs ne courent aucun danger : 4.° qu'il n'eft point d'Etres affez abjects, affez méprifables, pour être livrés, fans conféquence, à la corruption, & qu'il n'en eft point d'affez ftupides, pour ne pas tirer quelque profit d'un bon Spectacle. D'après ces quatre vérités démontrées, je penfe, Monfieur, que je fuis bien fondé à conclure que le plus grand bien que l'on puiffe faire à la Capitale, c'eft de fupprimer les *Trétaux* : voici mon dernier argument contr'eux. Ces Spectacles font établis ou pour les honnêtes gens, ou pour les gens dépravés : on m'accorde qu'ils ne font pas faits pour les premiers, qu'ils ne peuvent que hâter la dépravation de ceux qui les fréquentent d'habitude ; ils font donc uniquement faits pour les gens de mauvaife vie des deux fexes. Mais, Monfieur, dites-moi, je vous prie, quel peut être le but moral de pareils amufemens, & quelle néceffité y a-t-il que les gens infames, les débauchés & les frippons, trouvent dans le fein de la Capitale des lieux où l'on débite impunément leur affreufe morale, où leurs odieux principes circulent de bouche en bouche,

sont reçus & applaudis, où les complices du
libertinage public, traînent sur leurs pas des
errans & des vagabonds, qui souvent vivent cra-
puleusement à leurs dépens, & des sots qu'elles
trompent de toutes les manieres, des lieux,
enfin, où l'on arrange le jour les parties de
la nuit, parties conclues, dirigées, exécutées
par la crapule, parties dont il résulte
tant de chagrins pour les familles les plus
honnêtes, tant d'accidens qui troublent le
bon ordre, tant de pertes pour l'Etat, &
sur-tout ce scandale, qui, porté à son comble, semble braver les Loix qu'il irrite & qui
s'élevent en vain depuis si long-tems contre-lui ?

Tous les Français ont reçu avec attendris-
sement, ont baisé cent fois les deux derniers
Edits de Sa Majesté (43); ces gages généreux
du cœur paternel de notre jeune Monarque, apprendront à la postérité, que le regne
de L O U I S XVI, fut celui de la Bienfai-
sance & de la Justice, qu'il fit asseoir à ses
côtés sur le Trône. Avec quelle reconnaissance
ces mêmes Français ne recevraient-ils pas celui
de la suppression des Spectacles des Boulevards
& des Foires ? Qu'il paraisse, cet Edit si desiré
par tout ce qu'il y a de Gens de bien dans le
Royaume! quels transports, quels cris de joye
s'éleveront jusqu'aux Cieux! O, que de peres,
que d'époux combleront de leurs bénédictions,

---

(43) Edit portant suppression des Cachots, donné à Ver-
sailles au mois d'Août dernier. Autre Edit qui abolit l'usage
de la question, en date du même mois 1780. Nous
ne verrons plus les malheureux arrêtés pour dettes, con-
fondus dans les prisons avec ces infames brigands qui doivent un jour servir de victimes à la vindicte publique.

& l'Augufte Souverain, qui aura promulgué
cet Edit, & le Miniftre, vraiment patriote,
qui l'aura confeillé, & celui dont la plume
éloquente l'aura rédigé! Les *Tréteaux* fuppri-
més, nous verrons le luxe, la vanité, la pareffe & la débauche, qui, après avoir perdu en
eux leurs afyles & leurs foutiens, feront forcés de fuir loin des murs de cette Capitale. Leurs partifans ne manqueront pas de fe
plaindre; s'ils avaient connaiffance de mes
idées, ils ne manqueraient pas auffi de les ri-
diculifer & de les décrier : qu'importe ? On
doit s'attendre, toutes les fois que l'on dit la
vérité, à fe faire autant d'ennemis qu'il y a
de gens intéreffés à la combattre.

*Lettre de My-
lord, Comte
de Roch. Aer,
à fon fils.*

Quand les abus fe font multipliés, & que des
hommes bien intentionnés veulent les réformer
(44), on attaque leurs principes, on cherche à
les rendre fufpects; les Etres obfcurs, les avares
égoïftes, qui trouvent leur bien-être dans le
malheur public, fe déchaînent contr'eux :
mais les vrais Citoyens, qui n'ont en vue que
le bien de la Patrie, s'élèvent au-deffus de toutes les confidérations, & n'en cherchent pas
avec moins de zèle & d'empreffement, dans
ce bien général, qu'ils opèrent, leur propre
bonheur, qu'ils fondent toujours fur celui de
leurs femblables. La Vérité tardive paraît,
enfin, & force les envieux & les mécontens
à admirer, à refpecter dans le filence les grands
Miniftres & les grands Magiftrats, dont elle-

---

(44) Quand il faut des remedes violens à une maladie,
c'eft un bien de les appliquer, c'eft un meurtre de ne
les appliquer pas. *Dans l'ami du Prince & de la Patrie.*

même place les noms immortels au rang de
ceux des bienfaiteurs, & des amis de l'humanité.

En substituant aux *Trétaux* un Spectacle
National, dirigé sous les auspices de l'honnêteté & de la décence, un Théatre où le
Peuple de tous les états, puisera un plaisir sans
danger, une instruction sans dégoût (45),
nous verrons insensiblement se reproduire une
nouvelle génération d'Etres dignes du grand
Roi qui nous gouverne, des Ministres & des
Magistrats laborieux, qui secondent si bien ses
vues. Nous verrons, avec l'application au travail, l'activité & l'industrie, renaître l'amour
des grandes choses, les beaux-Arts, les vrais
talens, les vertus sublimes, les actions héroï-

___

(45) Formons des Ecoles dont les maximes, les usages,
les manieres, dont l'esprit moral, si l'on peut ainsi s'ex-
primer, puisse effacer ou du moins affaiblir en nous &
en nos enfans les penchans vicieux. *Mémoire sur l'éducation publique, par M. de Morveau.* N'oublions jamais
que nous naissons avec une inclination à prendre de bonnes
ou de mauvaises impressions, à contracter des habitudes
vertueuses ou vicieuses, à nous former sur l'exemple, & d'après
les maximes de ceux avec qui nous vivons : ces impressions influent sur le reste de la vie : c'est à elles qu'il
faut rapporter nos vices & nos vertus, notre bonne ou
notre mauvaise conduite. *Parallele de la condition & des
facultés de l'Homme avec, &c. Ouvrage ci-devant cité.*
Ces vérités doivent nous faire ouvrir les yeux sur l'impor-
tance des Théatres, sur la nécessité de réformer tous ces
genres de Spectacles qui tendent visiblement à corrompre
les mœurs & à multiplier le nombre des êtres dépravés.
Le Roi, qui veut faire le bonheur de tous, n'a besoin
que de sujets sobres, tempérans, industrieux, actifs, laborieux, qui aiment & pratiquent les vertus qui servent
de regle à sa propre conduite.

ques.

ques. Les Arts compteront encore des *Vernet*, des *Vien*, des *Brenet*, des *Greuze*, des *Bouchardons*, des *Pigal*, des *Soufflot*, des *Gondouin*, des *Longueil*, des *Cochin*, & des *Beauvarlet*. Les Sciences auront des d'*Alembert*, des *Buffon*, des *Caffini*, & des *Mayran*. Les Lettres encouragées & protégées, feront cultivées par les Difciples des *Voltaire*, des *Rouffeau*, des *Bernis*, des *Piron*, des *Greffet*, des *Marmontel* : tous, par une étude approfondie des grands modeles, s'efforceront d'atteindre à la perfection dont ils leur ont tracé la route. Cette généreufe révolution, n'en doutons pas, Monfieur, fera du regne de notre AUGUSTE, un regne plus brillant encore, plus admiré, & fur-tout plus chéri que celui de l'*Auguste* Romain : tous les Français, qui n'auront pour leur Souverain qu'un cœur & qu'une ame, réuniront leur voix & leurs talens, pour chanter & célébrer les merveilles de fon fiecle, fupérieur aux trois, déjà connus dans les Faftes de l'Univers (46). Voilà, Monfieur, ce que j'ofe attendre de la fuppreffion des *Spectacles Forains*. Ce n'eft pas, ici, un beau rêve, comme la *République de Platon*, & l'*Utopie* de *T. Morus* ; c'eft un changement heureux, qui fera la fuite néceffaire & infaillible d'une police plus parfaite, fans doute, puifqu'elle fera le bien du plus grand nombre.

---

(46) De ces trois fiecles, le 1.er eft celui d'*Alexandre-le-Grand*, Roi de Macédoine. Le 2.e celui d'*Auguste*, Empereur Romain, qui vivait l'an fept cent & tant, de la fondation de Rome. Le 3.e celui de *Louis XIV*, Roi de France.

F

Si vous approuvez mon zèle , Monsieur ,
fi mes raisons vous paraissent convaincantes ,
& mes vues utiles , j'aurai l'honneur de vous
envoyer, le plutôt que je pourrai, ma seconde
Lettre sur l'établissement d'un second Théâtre
Français , & je vous prouverai dans ce second
Ecrit , la possibilité de procurer au petit Peuple , l'entrée à ce nouveau Spectacle, au
même prix qu'il en jouit aux *Tréteaux*. Je
vous prie de me continuer votre estime &
votre amitié , & d'être bien persuadé des sentimens inviolables & respectueux avec lesquels
Je serai toute ma vie ,

MONSIEUR,

Votre très-humble & très-
obéissant Serviteur ,
ROUSSEAU.

ERRATA.

PAGE 26, ligne 14 de la note, *au lieu de* qui, *lis.* que;
P. 32, à la note, *lis.* : a etus.
P. 42, lig. 1, piurent, *lis.* peurent.
Même p., lig. 1 de la note, *lis.* bormet.
P. 45, lig. 19, *lis.* des eabillemens.
P. 46, lig. 13, *lis.* forcen.
Même p., lig. 21, *lis.* taiteules de modes

www.ingramcontent.com/pod-product-compliance
Lightning Source LLC
LaVergne TN
LVHW050645090426
835512LV00007B/1051